© 2025 Lazar Aydin
Verlag: BoD · Books on Demand GmbH,
Übersesering 33, 22297 Hamburg, bod@bod.de
Druck: Libri Plureos GmbH, Friedensallee 273,
22763 Hamburg
ISBN: 978-3-7693-7865-8

Tagebuch eines Verrückten

»Dämonen, weiß ich, wird man schwerlich los.«

– Goethe

Prolog

In einer stillen Nacht,
wo der Wind den Frieden der Seelen einfing,
lebte ein Mensch - wie du und ich -
in einem alten Kämmerlein.

Fern von Freunden und Familie
versuchte er, sich gegen eine Kraft aufzulehnen,
die ihm anfangs noch Hoffnung schenkte -
die Illusion eines Neuanfangs.

Wenn die Stimmen riefen
und sein Herz ganz kalt wurde,
lauschte er in sein Inneres,
auf der Suche nach einer Antwort
auf dieses vereiste Leben.

Nicht selten schrie er nach Gott,
suchte in sich einen Freund
oder tanzte im Feuer -
um zu verstehen,
wofür er lebte.

Er war ein Mann ohne Boden
und ohne Decke,
schwebte in einem Zustand der Gewissenlosigkeit
mit der Sehnsucht,
einen Streifen Glück zu erwischen,
der seinen Seelendurst stillen könnte.

Ein Mann ohne Heimat,
so sah er sich -
oder näher noch:
ein Mann ohne Welt,
die ihn vom Nektar des Lebens ausschloss.

Würde man ihn für verrückt erklären,
würde er erwidern:
„Trägt nicht jeder von uns etwas Verrücktes in sich?
Oder hast du dir noch nie vorgestellt,
deinen Arm vor lauter Hass abzubeißen?"

Ja - etwas Verrücktes trug er in sich.
Denn die Welt, in der er wohnte,
hatte ihn zum Obdachlosen gemacht.
Ohne Brot.
Ohne Trunk.

Lässt man diesen Menschen
in seinem Urzustand zurück,
dann treffen seine Worte
die Herzen der einsamen, verwahrlosten Seelen -
jene Seelen,
die mit ihren Tränen Ozeane füllen
und den Krug der Verzweiflung brechen lassen.

So horcht auf jedes einzelne Wort,
ihr Freunde des schwarzen Schleiers,
um euch von der Last eurer Gedanken zu befreien.

Verzagt nicht
der Trauer wegen
und nicht der Stimme,
die euch in die endlose Leere starren lässt.

In den Tiefen eures Seins
müsst ihr schwimmen lernen,
um nicht zu ertrinken.

Der Hass des Daseins
und die glühende, unbeantwortete Frage
nach dem Sinn des Lebens
müssen mit dem Licht
einer brennenden Leidenschaft vernichtet werden.

So werdet Freund oder Feind.
Lernt ihn zu hassen
und zu lieben.

Er ist wie du und ich.
Ein Mensch ohne Scheu,
die Wörter des Unsagbaren niederzuschreiben -
um dir deine Ängste zu rauben.

Und wäre das nicht
der schönste aller Diebstähle?

Doch sei behutsam.
Vielleicht zeigt er dir eine Welt ohne Ausweg,
in der du wie ein hilfloses Kind umherschwirrst.

Denn selbst die süßesten seiner Worte
schmecken bitter,
wenn er den Tod deiner Gefühle
als Rechnung deiner Gier präsentiert.

Tritt also vorsichtig ein in seine Welt.
Tief im Inneren ist er längst verkommen
und kalt geworden.

Manchmal fragt er sich,
was er noch auf dieser Welt zu suchen hat.

Ein seelenloser Sträfling
in seinem eigenen Gefängnis.
Viel lieber würde er aufhören zu atmen,
sich dem Tod stellen
und dieser undankbaren Welt
den Rücken kehren.

Er ist ein verlorener Mensch.
Einsam. Trocken.
Unfähig,
etwas - oder sich selbst - zu lieben.

Seine Wünsche und Träume
schreibt er an die Wände
im Zimmer seiner Fantasie.

Dort, wo ihn niemand sieht,
fühlt er sich frei.

Er kann dort fliegen,
lachen,
seinem eigenen Ich gehorchen.

Ob ihr es glaubt oder nicht:
Dort malt er und weint aus Dankbarkeit.

Ganz tief im Innern -
da tanzt er
und lacht vor sich hin.

Oft schließt er die Augen
und hört dem Winde zu.

Dort, in seiner Welt,
ist er glücklich.

Ein Wesen seines unerschöpflichen Ichs.

Doch wenn er zurückkehrt,
den schalen Geschmack der Realität auf der Zunge
spürt,
wird ihm bang ums Herz.

Er ist ein Verdurstender,
der nur Sand zu trinken bekommt.

Manchmal betet er auch.
Aber glauben?
Nicht wirklich.

Wer könnte es ihm verübeln?
Wer kann ihm überhaupt etwas verübeln?

Ich sage:
Er ist ein Kunstwerk.

Selbstzerstörerisch erleidet er das Leben -
ohne es heilen zu wollen.

So schaut ihn an
und leidet mit ihm.

Versucht, ihn zu lesen.
Ihn zu fühlen.
Seine Gedanken zu kosten.

Sprecht ihn nicht an.
Es wäre sinnlos.

Vor lauter Masken
kennt er sich selbst -
und euch ebenso wenig.

Deshalb:
Nehmt euch Zeit.
Sucht euch einen Platz.
Und schaut ihn euch an.

Stiller und leiser
als jemals zuvor.

Er wird euch nicht bemerken.

In seiner Welt ist er -
und tanzt bestimmt.

So denkt mit ihm.
Und wagt einen Tanz.

Erschreckt euch nicht.
Viel lieber:
Genießt dieses eine Mal.

Denn er wird weggehen -
in seine Welt.

I

Mit verschwitztem Körper wachte ich in jener
dunklen Stunde auf,
die mich an den Werdegang des Schreis erinnerte.

Wieso schrie er?, fragte ich mich.
Warum konnte er nicht lächeln?

Seine gespenstische Erscheinung erinnerte mich
an die dunklen Dämonen meiner nächtlichen
Widersacher.
Er wirkte zugleich zerbrechlich und erschrocken.

Sag, werter Freund -
weshalb stößt du so viel Angst aus dir heraus?
Welcher Teil deiner Seele tut weh?
Was hast du gesehen?

Warum verschränkst du deine Arme vor deinem
Gesicht
und schaust, als würdest du jemanden suchen?
Vermisst du jemanden -
oder hast du etwas entdeckt?

Obwohl du stumm in der Ewigkeit eines Gemäldes
gefangen bist,
höre ich deine schmerzhaften, gottverlassenen Töne.

Oh, mein armer Freund,
welch bemitleidenswertes Wesen du doch bist.

Du stehst auf einer wackligen Brücke,
die kurz vor dem Einsturz steht.

Wäre ich nur bei dir,
ich würde deine kalten, grauen Hände in meine legen
und dir einen Kuss auf die Stirn geben.

Ich wünschte,
ja - ich wünschte, ich wäre bei dir.
Du wirkst so einsam.

Vielleicht könntest du auch
die Einsamkeit meiner Seele spüren.

Sag - verspüren wir dieselbe Art von Einsamkeit?
Sind wir Brüder des Einsamen
und können nur wir einander trösten?

Ich will in die Leere deiner Augen blicken
und darin den stillen Drang der Freiheit erkennen,
der sich hinter ihnen verbirgt.

Gern würde ich dich in dieser Stunde umarmen
und dich in meine Welt hineinziehen.
Du könntest das Leben
in einer anderen Dimension kennenlernen.

Doch bedenke, werter Freund:
Einsamkeit ist dimensionslos.
Sie bohrt sich in dein Fleisch,
bis sie sich zur Genüge ernährt hat.

Verstehst du, von welcher Einsamkeit ich spreche,
mein leidender Bruder der Ewigkeit?

Jene Einsamkeit,
die ich in meinem Herzen trage.
Die Einsamkeit,
die Länder einstürzen lässt
und den Hass dieser Welt
durch ihren kalten Atem nährt.

Ich spreche von der Einsamkeit,
die selbst dem Bösen einen Schreck einjagt –
eine tiefe, dunkle Einsamkeit,
die wie ein grau-schwarzer Schleier
die Seelen und Körper der Menschen umhüllt
und nie wieder loslässt.

Diese Einsamkeit
ist die grausamste aller Einsamkeiten.

Sie reden mit dir
und lassen dich nicht mehr los.

Sie flüstern dir unerträgliche Dinge ins Ohr
und greifen dich in deinen schwächsten Momenten
an.

Sie warten am Bettende wie Dämonen,
schauen dir beim Einschlafen zu
und wecken dich mit einem grässlichen Lächeln.

Das Tragische an dieser Einsamkeit ist,
dass du sie als Notwendigkeit deiner schöpferischen
Kraft ansiehst.

Sie halten deine Hände beim Schreiben.
Sie halten deine Mundwinkel beim Lächeln.
Und - viel schlimmer noch -
sie umarmen dich, nachdem sie dich zerstört haben.

Sie ist paradox - und klar zugleich.
Diese Einsamkeit lächelt,
und sticht mit unsichtbaren Klingen in deinen
weichen Körper.

Deine Seele muss rennen.
Denn wenn sie dich einmal erwischt,
verbreitet sie ihr Gift -
und deine Seele vergraut.

Graue Seelen aber
sind wie schwere Steine beim Tragen.
Schwer kommst du hoch -
denn sie wiegen wie Tonnen.

Essen kannst du nicht.
Denn diese Felsen stecken in deinem Hals
und nehmen dir jeden Appetit.

Schlafen kannst du nicht.
Denn jene Steine ziehen dich zu Boden,
wollen dich durch stählernen Beton zerreißen.

Im Inneren breiten sie sich aus,
wollen dich vierteilen.

Selbst lächeln kannst du nicht.
Denn kleine, unscheinbare Kiesel
verstecken sich in deinem Mund
und ziehen deine Winkel nach unten.

Dein Rücken wird krummer und krummer.
Denn diese Steine sind verführerisch.
Sie sagen dir,
dass sie getragen werden wollen.

Und du, armer Freund -
du wirst sie tragen.

Denn sie sind Meister des Wortes.
Und wenn du nicht zuhörst,
weil deine Angst zu laut ist,
reißen sie dir die Ohren heraus
und schreien dich an -
bis du sie aus Machtlosigkeit tragen wirst.

Verstehst du mich?
Dann höre mir zu.

Sei vorsichtig, werter Freund.
Du musst rennen,
wenn du eines dieser Monster erkennst.

Renn - so schnell du kannst.
Und lass dich niemals verführen
vom Weibe der Einsamkeit.

Sie wird dir schöne Dinge
in dein ahnungsloses Ohr flüstern:
„Ich liebe dich.“
„Ich bleibe für immer bei dir.“
„Keiner bedeutet mir so viel wie du.“

Und plötzlich merkst du,
dass du gefangen bist.

Sie umschlingt dich wie eine Kobra,
und ihr Biss ist verführerisch.
Du glaubst,
diese scharfen Zähne berühren deinen Leib aus Liebe.

Nichts könnte der Wahrheit ferner sein,
mein ärmster aller Freunde.

Dieser Biss raubt dir
den Geschmack und die Farbe deiner Seele.

Oh Freund,
wie leid du mir tust.

Verschwinden möchte ich
in deinen orange-roten Nachthimmel
und Gott entgegentreten.

Gibt es einen Gott in deiner Welt -
oder bist du wie ich:
nur ein irrender Gefangener
im absurden Spiel des Lebens?

In meiner Welt
stehe ich meinem Gott nicht sehr nahe.
Er redet selten mit mir.

Ununterbrochen verspüre ich eine Schuld ihm
gegenüber.
Ich weiß nicht,
ob er mich hasst -
oder etwas von mir erwartet.

Ehrlich gesagt:
Ich wüsste nicht einmal,
was ich ihm schulde.

Was will er nur von mir?

Er hat mir das Leben geschenkt -
und nun soll ich den Weg gehen,
den er mir geebnet hat?

Aber warum hat er mich in diese Welt geschickt,
wenn er wusste,
wie ich enden würde?

Warum schenkt er ausgerechnet
Selbstmördern das Leben -
oder gar Mördern?

Welchen Sinn verfolgt mein Gott,
wenn Mörder und Seelenschänder
in diese Welt hineingeworfen werden?

Ich kann ihn nicht verstehen.

Es ist,
als spiele er Schach gegen sich selbst -
und verliere absichtlich,
um Außenstehenden eine Lektion zu erteilen.

Doch was ist die Lektion, Gott?
Was willst du uns sagen?

Dass das Leben heilig ist?
Dass jedes Leben -
so erbärmlich, so verlassen es auch sei -
würdig ist,
geliebt und angenommen zu werden?

Werter Freund,
erkennst du diesen Konflikt?
Erkennst du meinen Zwiespalt mit Gott?

Und er schweigt.
Wie soll ich gegen eine Wand antworten?

Ich bin wie ein Künstler,
der weiße Leinwände mit weißer Farbe bemalt.
So sehr und so oft ich mich auch anstrenge -
keiner erkennt meine Spuren.

Lassen wir das Thema ruhen.
Mein Herz blutet,
wenn ich mit ihm rede -
und viel Blut besitze ich nicht.

Ich bin ein dürrer, armer, zerbrochener Mensch.
Folglich -
um meinen Schmerz lindern zu können -
beantworte mir:

Was ist schlimmer?
Zu leben wie Vieh,
mit dem Tod als treuem Gefährten an der Seite -
oder seinem einsamen Atem nachzulaufen
und daran zu sterben?

Ich würde Letzteres wählen.

Warum, fragst du sicherlich?
Nun denn, werter Freund -
ich verrate es dir.

Was bringt es dir,
ahnungslos in die Sterne zu schauen,
wenn du dabei den Zauber des Lebens verfehlst?

Richtig: Nichts.

Du schaust in die Sterne -
und sie antworten dir nicht.

Du kannst nicht mit ihnen träumen,
sie nicht umarmen
und nicht auf einer weiteren Seinsebene lieben.

Das Strahlen deiner Augen
wäre einzig das Lichtlein deiner eigenen Dummheit.

Nur ein törichter Verschwender des Lebens
würde eine solch dumme Wahl treffen.

Lieber leide ich
mit voller Bewusstseinsebene,
als wie ein halbtoter Idiot
das Leben als billige Wiederholung
tragischer Filme meiner Vorfahren zu sehen.

Wir wurden geboren,
um uns selbst zu zerstören.

Denn:
Schönheit muss sich eines Tages selbst zerstören,
damit wir auf ewig in den Köpfen anderer weiterleben
können.

Ich glaube, du verstehst nicht,
was ich damit sagen möchte.

Nun -
du schreist.
Und zersplitterst deine Seele.

Ab diesem Moment entsteht etwas Größeres.
Etwas Göttliches.

Du hast den inneren Teil -
jenes kosmische Etwas, das einst zu dir gehörte -
zerstört.

Und durch deinen Schrei
hast du es offenbart.

So drang der Klang deiner Angst
als stumpfe Stimme
in die Köpfe deiner Betrachter
und hinterließ ein Gefühl
von Machtlosigkeit und stiller Furcht.

Wie sonst würdest du erklären,
dass wir uns um drei Uhr nachts unterhalten?

Ich stelle mir vor,
wie dein Gemälde an der Wand hängt -
und ich ohne Furcht hineinspringe.

Frei von jeglicher Bestimmung,
frei vom Drang zu überleben,
würde ich in deinem blauen Meer schwimmen.

Ich würde mich von der Strömung mitreißen lassen
und vielleicht den zwei Booten im Hintergrund
einen Besuch abstatten.

Was hätte ich wohl zu ihnen gesagt?
Vielleicht so etwas wie:

„Hey, habt ihr noch Platz für einen weiteren Irrenden?
Wenn nicht - auch nicht schlimm.

*Dann schwimme ich einfach
in vollkommener Seelenruhe weiter.“*

Aber so, wie ich mir die Menschen
in deiner Welt vorstelle,
wären sie wohl freundlich
und würden mich leise willkommen heißen.

Ich wäre mit ihnen zum tiefsten Punkt gefahren -
um schließlich, ohne viel Gerede,
vom Boot zu springen.

Sicherlich würden sie verwundert schauen.
Aber das wäre mir gleich.

In deinem Gemälde wäre ich frei.
Auch wenn es nur für einen Moment wäre.

Doch verrate mir:
Gibt es Haie
oder andere Ungeheuer in deinen Meeren?

Ich habe tatsächlich Angst
vor jeder Berührung im Meer.

Ich stelle mir vor,
wie mich etwas nach unten zieht -
und ich nicht mehr auftauche.

Mein Atem stockt allein bei diesem Gedanken.
Ich fühle mich machtlos im Meer.

Aber ich muss es trotzdem wagen.
Ich kann nicht der Knecht meiner Ängste bleiben.

Wenigstens einmal -
und vor dir -
wäre ich tapfer.

Vielleicht wäre ich sogar tauchen gegangen
und hätte die Dunkelheit wie seidene Fäden
an meinen Fingern entlangspüren können.

Wäre das nicht eine Form von Seelenruhe?

Ach, wie gerne ich
in deinem gottesgleichen Meer schwimmen würde.
Ich würde auf dem Rücken
auf der bunten Wasseroberfläche liegen
und den feuerroten Himmel betrachten.

Vermutlich hätte ich ein kleines Gedicht aufgesagt.
Noch wahrscheinlicher, es hätte sich so angehört:

Leidende Wolke, so wasche unsere Seelen,
überrede Gott, jeden Funken in uns zu beleben,
akzeptiere kein Nein und bitte ihn mit deiner Röte,
sprich mit Liebe und erklär ihm unsere Nöte.

Rede mit deinen Wolken, handle mit Farben,
er wird dich anerkennen und unser Leid tragen.
Denn er ist gütig und stark wie tausend Löwen,
und wir sind schwach - wir jagen mit krummen
Bögen.

Wir sind durstige Unwissende ohne Sinn,
er hat Ozeane - darin wohnen Weisheit und Liebe.
Wir wollen nur einen gefüllten Krug uns leihen,
damit Blumen in uns wachsen und ewig gedeihen.

Sag, liebste Wolke des Feuers - könnt ihr?
Könnt ihr uns diesen Wunsch erfüllen?
Könnt ihr?
Könnt ihr?

Ich höre nichts.
Ein ewiges Schweigen plagt meine Ohren.

Ich klopfe an deiner Tür, liebste Wolke -
doch du bist nicht zu Hause.
Ich bin wohl nicht erwünscht.

Ich werde gehen.

Aber bedenke:
Eines Tages stehst du vor meiner Tür.
Und ich werde sie dir dennoch öffnen.

Denn meine Seele sehnt sich
nach Schönheit und Verbundenheit.

Steh mit deinen starken, feuerroten Beinen
vor meiner kaputten Holztür
und rufe meinen Namen.

Du musst weder klingeln noch klopfen.
Spare dir deine Kraft
und flieg in mein kaltes Zimmer hinein.

Ich besitze nicht viel.
Keine Kunst hängt an meinen Wänden,
kein Gold liegt in meinem Safe.

Ich habe nur mich -
und das wird dir reichen.

Es gibt nichts zu erkunden,
denn das Einzige, was dich in den Bann zieht,
ist der Geruch meiner Einsamkeit.

Ich bitte dich, liebe Wolke:
Setz dich neben mich
und verkörpere nur den Augenblick,
wie ich dich in diesem Abend sehe.

Tu mir bitte nur diesen einen Gefallen.
Mehr fordere ich nicht.

Zum Abschied hinterlasse ich dir ein Lächeln.

Ich entsage für einen Moment meinen Kieseln,
die an meinen Mundwinkeln hängen -
und schenke dir ein schmerzhaftes, leidendes
Lächeln.

Nimm es an.
Und erkenne mich eines Tages daran wieder.

Meine Zeit verstreicht.
Ich muss wieder an Land gehen.

Ich sehe schon die Brücke.
Ich schwimme -
ohne meine Bootsfreunde -
an Land.

Ich muss meine Ängste besiegen.
Soll mich berühren, was wolle -
dieses Mal,
dieses eine Mal,
bin ich stark.

Ich will dir ins Gesicht sehen, werter Freund,
und deinen leidenden Augen Gehör schenken.

Meine Arme brennen vor Leidenschaft.
Ich schwimme.
Ich schwimme.

Ich bin auf halbem Weg.

Was ist das nur für ein angenehmes Wasser?
Es fühlt sich an,
als würde mein Körper schweben.

Schneller.
Schneller.
Schneller.

Ja.
Ich habe es geschafft.

Ich darf jetzt stolz auf mich sein.
Aber - nicht zu lange.

Selbstbeherrschung und Eigenlob
hassen die eigenen Dämonen.
Warum?
Weil sie Angst haben,
die Kontrolle zu verlieren.

Mit letzter Kraft greife ich die hölzerne Brücke.
Ein Bein nach dem anderen.
Jetzt kann ich hinüberspringen.

Doch - wen sehe ich da?

Zwei Gestalten,
schwarz gekleidet und verstummt.

Sie schauen mich an,
doch sie reden nicht.

„Guten Abend, Mäntel der Nächte",
warf ich ihnen entgegen.

Stille.
Ich höre nichts.

„Verschlug es euch die Stimme, ihr Kleingeister?"

Stille.
Und sie gehen weiter.

Warum reden sie nicht mit mir?
Was ist verkehrt mit euch Nachtwanderern?

Ich zog am Mantel des Größeren,
wollte ihm in sein nutzloses Gesicht blicken.

Und ich erschrak.

Denn dieser Mann trug keine Masken.
Er hatte nämlich - kein Gesicht.

Weder Nase,
noch Augen,
noch Mund,
noch Ohren.

Ein graues Etwas starrte mich an.

Komischerweise hatte ich das Gefühl,
dass ich angeschaut werde.

Warum nur?
Existiert etwas, das über unsere Sinne hinausgeht?

Ihr seelenlosen Mäntelträger ohne Bewusstsein -
geht weiter
und stört nicht meinen Frieden.

Mit gesichtslosen Menschen
kann ich mich nicht unterhalten.
Sie haben kein Sein.
Sie sind wandelnde Existenzen -
ohne Sinn.

Warum leben sie überhaupt?

Sie wirken wie Schausteller ohne Zweck.
Ameisen haben selbst einen Nutzen -
doch was ist euer?

Ihr stresst mich,
seelenlose Wesen.
Ihr plagt meine Seele.

Die Dämonen sind in Aufruhr.
Was ist los?

Bin ich in Rage,
weil ich die Angst verspüre,
dass auch ich ein Gesichtsloser bin?

Nein.
Ich bin nicht gesichtslos.

Ich kann reden.
Ich kann sehen.
Ich kann riechen.
Ich kann alles.

Was könnt ihr?
Lasst mich in Ruhe.
Ich bin nicht wie ihr.

Ich werfe meine Masken nicht weg.
Sie bedeuten mir etwas:

Existenz.

Ich laufe jetzt zu dir, werter Freund.
Ich komme.
Und wehe -
du bewegst dich.

Gleich.
Nur noch ein paar Meter.
Zehn Meter noch.

Ich kann dir gleich in die Augen schauen.

Nur noch ein paar Schritte.
Nur noch ein paar Schritte.
Nur noch ein paar Schritte.

Ruhe.
Stille.
Einsamkeit.

Trotz all der Hektik stehe ich nun hinter dir.
Du bemerkst mich nicht -
aber das ist in Ordnung.

Ich werde mich dir zu erkennen geben.

Ich greife langsam
und mit nötiger Sorgfalt
nach deiner Schulter.

Ich will nicht,
dass du dich erschreckst.

Langsam - ganz langsam -
streife ich deinen Umhang.

Er fühlt sich so weich an.
Was ist das nur für ein Stoff?

Es fühlt sich an wie das Wasser,
in dem ich geschwommen bin.

Bist du das Wesen,
das sich Natur nennt?
Und schreist du in deiner Welt
nur aus Hilflosigkeit -

weil gesichtslose Wesen hier
alles zertrümmern und an sich reißen?

Oder schreist du,
weil du erkennst,
dass du das einzige Wesen mit Gesicht bist?

Ich berühre deine kalten Wangen
und bekomme Mitleid mit dir.

Welchen Schmerz verbirgst du in dir,
mein Freund?

Was hat dir so einen Schreck eingejagt?

Erstickst du am Leben?

Was ist es?
Rede mit mir.

Warum sprichst du nicht?
Wieso schreist du nur?

Ich schaue dich an
und bemerke,
dass das Einzige, was aus deinem Mund kommt,
nur ein leiser, ganz leiser Ton ist -
ganz ohne Atemstoß.

Als hätte dich jede Kraft verlassen,
und du versuchst mit kaum hörbarem Laut
ein verzweifeltes Signal
ans Universum zu senden.

Ich schaue dir in die Augen -
und du blickst in Richtung Nichts.
Du schaust nur kalte, einsame, bröckelnde Steine an.

Werde ich auch so enden wie du?

Plötzlich fangen meine Augen an zu tränen.

Es tut mir leid, werter Freund,
dass du mich so sehen musst.

Ich wische mein Gesicht ab
und lächle dir zu.

Heute habe ich zweimal gelächelt.

Ich gebe dir einen letzten Kuss -
denn wenn ich dich küsse,
küsse ich die Wunden meiner Seele.

Du bist ich.
Nur kaputter.
Nur weiter.
Nur verlorener.

Muss ich an dich denken,
weil ein Teil in mir
so ist wie du?

Ich schreie ebenfalls –
aus den Tiefen meiner Seele.

Wieso fange ich wieder an zu weinen?

Ich küsse zum Abschied deine Hände,
als Zeichen meiner Dankbarkeit,
dass du mich in deine Welt hineingelassen hast.

Oh, werter Freund,
du Paradoxon meiner Seele –

und ehe ich mich versah,
tropfte eine Träne –
weniger salzig,
jedoch vermutlich einsamer als du –
auf deine grauen Hände.

Ich muss nun fort,
denn ich bin müde.

Ich will nicht im Sog deiner Natur enden.
Auch ich habe eine Welt,
in der ich vergehen muss.

So möchte ich dir noch ein letztes Mal
in die Augen schauen -
und dann verschwinden.

Mit deinem leisen Ton
in meinem Herzen.

So springe ich zurück in meine Welt,
schlage mir auf die Brust
und vergehe
im unscheinbaren dunklen Rauch meiner Einsamkeit.

Aus ihren Fäden
forme ich mir einen Umhang
für den nächtlichen Spaziergang -

und frage mich,
welche Maske ich wohl heute tragen werde.

II

In diesen Nächten holt es jeden –
und besonders mich.
Denn unsere Ängste ziehen die Dämonen an.
Und je größer deine Angst
und zugleich voller deine Seele,
desto stärker zehren diese Dämonen an dir
und wollen sich an deinem Fleisch sattessen.

Sie riechen deine Sorgen und Nöte
und bereiten ihre scharfen Zähne
auf den punktuellen Biss vor,
der dich in Bange versetzt
und dir jegliche Hoffnung aussaugt.

Sie geben nicht auf
und werden gieriger.
Sie durchforschen jeden Teil deiner Seele
und hoffen,
dass du aufgibst.

Denn dein Licht ist ihre tiefste Wunde.

Es ist jener Kampf,
der dich entweder zugrunde richtet
oder aufrecht erhält.

Diese Dämonen haben bereits vor langer Zeit
mein Fleisch zerbissen
und ernähren sich in meinem Kopf
restlos von meiner Seele.

Da sie unendlich weit ist,
sitzen sie
und fressen sich in die Ohnmacht.

Es fühlt sich unfassbar schrecklich an,
denn ihr Kauen und Knurren
hinterlässt eine weiß entfachte Wut ohne Boden.

Ich kann nicht schlafen
und werde von Insomnia geplagt -
dem größten und wütendsten aller Dämonen,
der mir Unruhe und Hass schenkt.

In diesen Stunden
schreibe ich mit meinem Blute
und frage mich:
Wann wird es enden -
und wie werde ich enden?

Ich sitze in meinem kleinen Keller
und schreibe in diese leeren Blätter,
als ob dies die einzige Sache sei,
die mein Leben hinterlässt.

Ich schreibe
ohne jeglichen Sinn und Verstand.

Vielmehr glaube ich,
dass ich eines Tages
an meiner Unfähigkeit, dieses Leben zu lieben,
untergehen werde.

Die tiefe Dunkelheit,
die sich als innere Nacht meiner Seele erweist,
kühlt mein verarmtes Herz,
sodass eine unendlich weite Eiswüste
voller Schnee und Härte
in meinem Ich wütet.

Ich frage mich,
ob andere Menschen
dieses gleiche Schicksal teilen -
jenes Schicksal,
das sie nachts mit Gebrüll weckt
und eine Antwort verlangt.

Vielleicht auch nur eine düstere Inspiration,
die nach einem schöpferischen Ich verlangt.

Wie dem auch sei:
Dieses Schicksal weckt mich stets
in jeder meiner dunklen Nächte
und verlangt Antworten.

Es schleicht sich an meine Wohnungstür,
bricht sie lautlos auf
und geht durch mein Haus.

Es bemüht sich unentwegt,
keinen Ton von sich zu geben.

Ganz leise werden die Treppen durchschritten,
um anschließend meine knisternde Tür zu öffnen.

Im tiefen Schlaf bemerke ich nichts.
Ich denke,
dass dieses Schicksal absichtlich so vorgeht.

In den Momenten,
in denen der festeste Schlaf herrscht,
wird mir die Decke aus den Händen gerissen
und meine Schulter
mit tonnenschwerer Gewalt erdrückt.

Es schreit mich an
und beißt in mein Fleisch,
damit ich sein bodenloses Verlangen spüre.

Seine Aufforderung soll mein Körper spüren –
und meine Unfähigkeit, dagegen anzukämpfen,
der Nachtgruß an meine Seele sein.

Oh Schicksal,
du gleichst Insomnia –
nur mit einem Unterschied:
Du plagst Seelen nicht zum Vergnügen,
sondern um deiner Struktur und Kette zu genügen.

Ich unterliege dir,
weil ich gezwungen bin.
Den Dämonen unterliege ich jedoch
aus Selbsthass und Zweifeln.

Oh Nacht ohne Ende –
welcher Schmerz in meiner Brust.

Meine Arme wachsen in deinem Hasse
und erblinden in der Dunkelheit
tausend schwarzer Sonnen.

Die Kraft der Kraftlosigkeit
entfaltet sich in meinem Körper
und schlägt jenes Ausmaß,
das die Dämonen zittern lässt.

Sag, Schicksal:
Wo wird mein Körper ruhen -
und noch wichtiger:
Wo wird meine Seele landen?

Werde ich den Genuss
wahren Lebens erfahren,
wenn ich jene Unfähigkeit besiege?

Kann ich wirklich glücklich werden,
liebes Schicksal?

Nun -
ich erwarte keine Antwort.
Wie denn auch?
Außer einem tödlichen Schrei
redest du nicht mit mir.

Lass mich dir nun
von meiner größten Angst erzählen.

Die Angst,
die den Dämonen als nächtliches Bankett dient
und die leckersten, dunkelsten Früchte anbietet.

Jene süße Angst,
die mit allen Sorgen tanzt
und meine Adern in Eis verwandelt.

Jene Angst,
die mit meiner Vergangenheit verkehrt
und die Zukunft realisiert.

Diese Angst kontrolliert mein Handeln,
mein Reden,
mein Atmen,
mein Essen,
meine Kunst,
mein Lächeln,
meine Sanftheit,
mein Ich.

Die Angst,
dass ich als verarmter, abgemagerter,
ursprünglicher Schatten
im stillen Kämmerlein zugrundegerichtet
mit einem leeren Stift dasitze
und Sand weine.

So trocken,
dass auf dieser Seele keine Blume wachsen kann -
und wachsen wird.

Ich habe Angst, liebes Schicksal.
Ich sitze mit blauer Haut auf dem Boden,
und meine Beine sind verdreckt
vom Zimmer,
das nicht gesäubert werden kann.

Das Seelenzimmer,
schwarz und verdorben,
heimgesucht von allen Dämonen -
und Insomnia,
wie er im höchsten aller Throne sitzt und speist.

Meine Zehennägel sind sehr lang,
und unter ihnen ist der Dreck der Welt versteckt.
Meine Beine, meine Knöchel,
sind ganz schwach und verletzt.
Meine Knochen ragen bereits heraus
und sind übersät mit schwarzen Bissspuren.
Meine Beine sind ganz dürr geworden
und haben kein Leben mehr in sich.

In meinen Armen:
mein schwarzer Stift
mit schwarzer Farbe.
Bunt schreiben kann ich längst nicht mehr.

Am meisten fürchte ich meine Finger.
Denn sie sehen so dürr und verarmt aus.

Hast du dir jemals einen Menschen angesehen
und dir dabei gedacht,
dass der Tod eine Erlösung für diesen wäre?

Nun -
dann stell dir meine Finger vor
und wünsche mir zehnmal den Tod.

Mein Gesicht ist sehr blass
und knochengleich.
Meine trockenen Lippen bewegen sich nicht,
meine Zunge ist verwundet.
Die Dämonen bissen sie ab,
damit ich mit keiner Menschenseele
über ihre Existenz reden kann.

Die Augen sind ganz schmal
und verschlossen.
Ich sehe nichts mehr von dieser Welt -
nur die Schwärze meines Inneren.

Dort toben sie
und werfen mit Feuer um sich,
spießen Stücke meiner Seele auf
und verschlingen sie.

Ich kann nicht wegschauen
und bin ein Angeketteter
ohne wechselnde Blicke.

Das Schlimmste jedoch ist,
dass ich es zuließ.
Ich habe es zugelassen,
weil ich mich nach Trauer und Schmerz sehnte.
Ich habe mir selbst die Erlaubnis gegeben,
dass meine Seele misshandelt wird.

Ich habe diese schrecklichen Ungeheuer eingeladen
und ernährt.
Ich habe ihnen ein Obdach gegeben
und einen wahren Schlafplatz.

Wer würde denn nicht auf ewig bleiben?

Ich ließ den Schmerz zu,
um mich eben an diesem Schmerz zugrunde zu
richten.

Habe ich mir unbewusst
dadurch die Erlaubnis zum Suizid gegeben?

Aber warum ließ ich es zu?
Wieso tut mir das Gefühl der Trauer so gut?

Eben,
weil ich kein anderes Gefühl gekannt habe -
und dies der erträglichste aller Wege ist,
um diesem Selbsthass entgegenzuwirken?

Schicksal, was ist schlimmer?
Sich direkt selbst zugrunde zu richten
oder jemandem die Erlaubnis zu geben,
dass dieser es für einen tut?

Ich will schreien -
so unendlich laut,
dass diese Welt anfängt zu beben.
Denn ich bin so unendlich müd geworden.

Alles, was mir bleibt:
die Stunden,
in denen ich mein Leid
und diesen Schmerz
auf diese Blätter niederschreibe.

Ich habe Angst,
dass ich eben zu dieser Person werde:
Ein verkrüppeltes Etwas,
das mit zerrissenen Klamotten
an der einst so schönen Fähigkeit der tiefen Gefühle
am Schafott des Lebens geköpft wird.

Und je mehr ich mit meiner schwarzen Tinte
schreibe,
wird mir eines immer deutlicher:
Ich bin zu spät.

Ich schaffe es nicht mehr,
denn diese schwarzen Ungeheuer
tanzen und singen Siegeslieder.

Wohin nur?
Wohin nur mit mir,
wenn es zu spät ist?

Immerhin bleibt mir die Wahl,
wo ich verblasse
und einen ewigen Schatten
auf dieser Welt hinterlasse.

Ja, verlassen - mit einem großen Schatten.
Diese Idee gefällt mir.

Nun tobt, ihr Seelen.
Nun tobt, ihr vergeudeten Wesen.
Tobt, solange ihr könnt,
und gebt nicht auf.

Denn diese Seele ist hart und bissig.
Sie gibt nicht auf
und ist eines der hellsten Lichter.

Selbst in den dunkelsten Stunden
brennt ihre Geschichte Löcher
in die Herzen größter Dämonen.

Also gebt Acht
und seid vorsichtig.
Vielleicht geht auch ihr zugrunde
und wünschtet euch,
niemals meinem Ich begegnet zu sein.

Insomnia,
du trügerischster aller Dämonen.
Sag mir bitte:
Weshalb hast du mich ausgesucht?
Weshalb verspürst du diesen starken Drang nach
meiner Seele?

Weißt du denn nicht,
dass diese schlaflosen Nächte
meiner Seele als Geschenk dienen?

Denn jenes Unheil
ist zugleich eines der teuersten Geschenke.
Ich empfinde eine sanfte Ruhe in der Dunkelheit
und schlafe auf den Kissen der Sterne ein,
wenn meine Zeit gekommen ist.

Eine geheimnisvolle Stille,
die mich umarmt
und mich in ihrer Klarheit beruhigt.

Verstehst du,
was ich dir damit sagen möchte?

Zwar ist dein erzwungenes Leid vorhanden,
aber eben dieses Leid
ist das Schlafmittel,
das ich täglich einnehme.

Ich frage mich dennoch,
weshalb diese leere Melancholie
meine Seele erwischt hat.

Sie ist das allgegenwärtige Gift,
das ich trinke -
und bis zum letzten Schluck
mit einem gewissen Vergnügen zu mir nehme.

Ich lechze nach jedem Tropfen,
um ein erfrischtes, kraftvolles Ausatmen zu
bekommen.
Ich tanzte den einsamen Tanz,
wenn ich an diesen Trank denke.

Ihr Dämonen,
versteht ihr diese Stille?

Ich liege in meinem Seelenbett
und schwinge in dieser Hängematte,
gebunden zwischen Sternen,
und schaue in die entlegensten Ecken des
Universums.

Oh, wie vertraut mir dieser Anblick doch ist.
Es sind diese Nächte,
die mich in aller Ruhe zerstören
und wieder neu erschaffen.

Ich frage in meiner Abwesenheit Gott,
weshalb ich diese Steine
ein Leben lang tragen musste.
Vielleicht will er auch nicht mehr mit mir reden,
da ich den Dämonen ein Obdach gewährte.

Ich weiß nicht mehr weiter.
Ich liege in diesem Bett
und höre dem Rauschen des Alls zu,
empfinde eine unvergessliche Ruhe
und verspüre gleichzeitig
starke Verbrennungen meines Fleisches.

Wie ein Nagen von Ratten,
mit messerscharfen Zähnen
beißen diese Ungeheuer -
ohne die Erkenntnis
der unendlichen Seele.

Ich verspüre ein großes Glück
und die schmerzvollste Schuld des Lebens zugleich.

Auf einem Auge
lächle ich wie die Sonne,
und auf dem anderen
blute ich Glas
aus meinem schwarzen Auge.

Es sind alle Emotionen -
und ebenfalls keine -,
die mich in diesen Stunden plagen.

Ich suche die endgültige Ruhe
im lautesten Konzert meines Lebens.

Mir bleibt nichts anderes übrig,
als diese Zeilen zu schreiben,
um diesen Schmerz in Worte zu fassen.
Denn geschriebenes Leid ist doppelter Schmerz.

Die dunkelsten Stunden rufen meinen Namen:
Komm her, keine Scheu - werden sie sagen.
Deinen Leichnam, die Dämonen werden tragen,
Kein Leid mehr, tiefer Mensch wirst ertragen.
Wir sind deine liebsten, falschesten Freunde,
werden dir stets zur Seite stehen - und stetiger
verraten.

Lass dich beißen und verführ'n,
kühl deine Seele, lass sie nicht mehr glüh'n.

Ganz still - sie soll sich nicht mehr rühr'n,
lass dich verleiten, lass dich von uns führ'n.

Und haben wir dich spät voll und ganz,
verblasst du beim letzten Lebenstanz.
Erkennst dein Schwinden, dein Vergeh'n,
wird dich keiner retten, keiner beleb'n.
Ohne Emotion, ohne Liebe dasteh'n,
beim kühlsten aller Winde verweh'n.

Keiner fragt, da Einsamkeit hast erstrebt,
keine Freunde jemals umarmt, jemals gelebt.
Verstaubt wie ein altes Buch - verödet,
im Seelenbett durch die eigenen Gedanken getötet.

III

Heute dürstet es mich nach jener Frau,
die sich mir als Melancholia vorstellte.
Eine Frau ohne Gesicht und ohne Scham.

Wohlmöglich ist dies der besonnene Grund,
weshalb sie sich allnächtlich in mein Bett legt
und mir die sanfte Ruhe einflüstert,
die mein Herz in Wonne wiegt.

Eine Ruhe,
die meine Ängste verstummen lässt.

Manch einer kennt sie in einer anderen Form -
eine Form des Schreckens
oder eines nihilistischen Weckrufs,
der mit einem schalen Beigeschmack
der Machtlosigkeit einhergeht.

Ich jedoch erfreue mich an ihrem Körper
und küsse die kosmische Stirn dieses Wesens.

In dieser Nacht sehnt sich meine Seele
nach ihrer ungeheuren Präsenz.
Denn sie will meine Liebe verschlingen -
und davon besitze ich viel.

Oh Melancholia, meine Feder der Seele,
was könnte ich nur ohne dich machen?
Was könnte ich ohne dich wagen?

Ohne dich kann ich nicht ganz sein -
doch mit dir bin ich ein Nichts.

Denn deine Liebe ist Gift,
das ich mit einem sorglosen Lächeln
herunterschlucke
und mich anschließend bedanke.

Ich schaue in die leere Ecke meines Zimmers
und erfreue mich an dieser Stille,
die meine unkenntliche Seele
in meinem schwarz-schweren Schleier umhüllt.

Und je mehr ich mich auf eben diese Ecke fokussiere,
bemerke ich eine Struktur,
die mich mit all ihren Kanten anschreit.

Struktur - wie ich sie hasse.
Weshalb kann nichts in Unscheinbarkeit vergehen?

Ich hasse die menschliche Mathematik,
die selbst versucht, das Menschsein zu erklären.

Vergehen soll es
im weißen, dichten Nebel,
der nichts zu erkennen gibt.

Lippen,
Kopf,
Emotionen -

all dies soll im göttlichen Nebel untergehen,
und anschließend der hochbeachtete Mensch
seiner kleinen, unnützen Welt.

Ich verachte dieses Dasein,
da ich all jene Struktur ablehne,
die versucht, mich zu erklären.

Ich sei so viel Zentimeter groß,
so viel Kilo schwer,
so viel Cent reich
und so viel Freunde ärmer.

So viel Erfahrung gesammelt,
so viele Tränen verschwendet.

So viele Menschen verletzt,
so viele Feinde getötet.

Es ist die Struktur,
die uns in erster Linie
eine scheinbare Vernunft aufzeigen möchte.

Doch wenn sie euch im Griff hat,
lassen diese dämonischen Krallen nicht mehr los.
Sie zerfleischen euch mit aller Kraft
und beißen danach eure dummen Köpfe ab.

Oh, ihr dummen Menschen -
seid mir doch am liebsten.
Denn euch kümmert's nicht,
welch Leid euch begegnet.

Euer verholtes Grinsen
ist des Dämons Mahlzeit.

Ihr Sklaven eurer Vernunft
seid des falschen Denkens lieb.
Ihr Knechte der Illusion
schändet jeden göttlichen Funken,
der euch zu Beginn eurer Geburt geschenkt wurde.

Welch eine Verschwendung,
die ihr wie ein großes Laster eures Lebens tragt -
ohne zu wissen, dass es überhaupt existiert.

Und seid ihr eines Alters würdig,
so blickt ihr zurück
und fragt euch,
weshalb dieser Rücken schmerzt -
und nur die wenigsten unter euch
erkennen das große Kreuz,
das ihr mit eurem Blute
in euren Leib eingebrannt habt.

Die Hitze der Verdammnis verkehrt nun in euch,
und ihr seid machtlos.

Schreit,
schaut die Sterne an
und betet,
dass dieses Feuer euch
nicht allzu lange plagt.

Denn die schwarzen Flammen
verbrennen nicht nur euch,
sondern Kind, Frau und engsten Freund.

Ihr seid der tiefe Abgrund,
in den ihr unfähig seid zu schauen.
Und eben diese Unfähigkeit
ist der blinde Schleier,
der eure Engsten fallen lässt.

Ihr Kinder der Struktur,
reißt eure Arme ab,
beißt verharrt in die Schultern
und lasst euer schwarzes Blut
zur Leere fließen.

Die Vernunft verlangt es,
um die müden Augen der noch Lebenden
mit einer Illusion zu locken.

Ich frage mich,
ob unter diesem Nachthimmel
noch ein Mensch existiert,
der dieses Verbrennen der Seele auch spürt
und seine eigene,
für sich geschaffene,
gut gekleidete
und anziehend riechende Melancholia besitzt.

Ein tiefes Brüllen der Melancholie
schreitet in meiner Hülle hervor
und ruft mich.

Besonders an Tagen,
an denen meine Seele in Ruhe viergeteilt wird,
weinen süße Tränen deinen Namen.

Melancholia,
du bist der schönste aller Dämonen,
der mir untergekommen ist.

Am Abend,
an dem ich diesen schwarzen Geruch an mich
heranließ,
hast du mich mit einer Wärme aufgefangen,
bei der ich den Tod
als engsten und zugleich liebsten Gefährten sah.

Noch heute sitze ich allein am Schreibtisch
und bringe dir getrocknete Narzissen
als Sinnbild deines Wesens.

Leere Augen
und lange Ringe
unterstreichen die Müdigkeit meines Lebens
und den Wunsch, mit dir unterzugehen.

Ich will nichts mehr,
außer dir den selbstzerstörerischen Willen
zurückzugeben,
den du mir einst
im unscheinbaren, geschmacklosen Kuss übertragen
hast.

Diese Lippen waren so schal und trocken.
Sie haben nach nichts geschmeckt -
und dennoch wollte ich mehr.

Leichte, tiefe Risse
spielten auf deinen Lippen
und erschufen eine leere, bunte Welt,
die mich als einzigen Besucher einlud.

Melancholia,
du bist der schönste, hässlichste Dämon,
der mir meine Liebe stiehlt
und schwarze Leere zu essen gibt.

Und schlafe ich eine Nacht alleine,
weil ich von dir loskommen möchte,
gehst du, ohne zurückzuschauen -
weil du genau weißt,
dass ich zurückkommen werde.

In diesen Momenten
fange ich an, mich mehr zu hassen,
als dass ich jemals
einen anderen Menschen hassen könnte.

Eben diese Unfähigkeit,
dir den Rücken zu kehren
und Glück zu empfangen,
lässt mich in eine Leere fallen -
ohne Boden.

Ich falle seit dem Tag,
an dem ich dich kennengelernt habe -
und noch schneller fiel ich in dem Moment,
als ich dir mein Herz öffnete
und du mit deinen gierigen Händen
alles an dich gerissen hast.

Ich bin verloren
in einer dunklen Ewigkeit,
die während des Fallens
mir Schnitte ins Fleisch fügt.

Diese ewige Dunkelheit
starrt mich an,
während du mit einem leeren Blick
meine Wunden säuberst.

Wann war ich das letzte Mal glücklich?
Also, so richtig glücklich -
dass ich mir in diesem unerlaubten Moment
zugeflüstert hätte,
froh am Leben zu sein.

Dass dieses Leben gut ist
und Gott mir mit meiner Seele zulächelt.

Wann habe ich mir selbst
nicht mehr gesagt,
dass der Freitod etwas Schlechtes sei?

Oh Melancholia,
du raubst mir in jeder Nacht das Strahlen
und hinterlässt einen grauen Abdruck
in diesem Herzen.

Und doch -
oder gerade deshalb -
warte ich in jeder Nacht auf dich
und gehe diesen Tanz ein.

All das mache ich aus freiem Willen,
weil ich mich nach diesem Leid sehne.
Ich sehne mich danach,
mich selbst zu zerstören
und dieses Leid in Farben auszudrücken.

Du bist jener Dämon,
der nur frisst, wenn er gerufen wird.

Würde ich dich nicht rufen,
verarmst du an deinem grauen,
mutlosen Leben -
ohne Mundwinkel und langen Haaren.

Mir kommt es so vor,
als sei ich geboren worden,
um dich zu nähren.

Dass ich dir ausgeliefert sei
und wie ein Süchtiger
dein Gift zum Leben benötige.

Um ehrlich zu sein:
Ich will dich auch nicht aufgeben.

Es ist diese Vertrautheit,
die mich jedes Mal zu dir zieht.
Mit dir fühle ich mich verstanden -
auch wenn das heißen mag,
dass ich aufgrund dieser Besessenheit
untergehen werde.

Ich bin besessen
von deiner Präsenz
und deinem Verlangen,
mich ausbrennen zu lassen.

Wie eine Kerze im starken Winde
ist meine Seele deinem Sein unterlegen.

Du bist jener Dämon,
dem ich all mein Glück
ohne Unterlass darbiete -
um am Ende unterzugehen,
weil ich dir alles gab,
was ich hatte.

Ich bin jene Seele,
die deinem Ruf -
so leise er auch scheinen mag -
Gehör schenkt
und sich ohne Unterlass entblößt.

Mit starkem Blick
warte ich auf deine Schnitte,
die mich dein Wesen
niemals vergessen lassen.

Ich bin ein Dieb,
der sich allnächtlich selbst bestiehlt
und seine Ausbeute
in die tiefe Schlucht wirft,
die ich mit aller Mühe
und Leichtigkeit aufgebaut habe.

Diese Schlucht, Melancholia,
trägt deinen Namen
und füllt sich stückweise
mit Liebe, Hoffnung, Lebenslust und Ehrfurcht.

Schmeiß mich -
wenn du mit deinem emotionalen Bankett fertig bist -
in diese Leere hinein,
und vorzugsweise unter allen Emotionen,
damit diese mich erschlagen.

Ich will an mir selbst zugrunde gehen
und dir zum Abschied noch einen Kuss schenken,
der mich an die Hoffnungslosigkeit glauben lässt.

Sie ist meine Religion geworden -
und eben das
lässt mich in einem gefühllosen Ozean der Stille
treiben.

Dieses lauwarme, graue Wasser
ruft meinen Namen
in den dunkelsten aller Nächte
und will mich blass treiben sehen.

Melancholia,
du brauchst einen Grund für meinen Tod -
jedoch nicht für mein Leben.

Ich unterliege deinen Geboten des Nihilismus
und setze mir mit einem seufzenden Ausatmen
den Todesstoß.

Ich schwimme in deinen Gewässern umher
und blicke Richtung Himmel.
Ich taste mich nur zögerlich
an das Blau und Weiß des Nachthimmels heran,
denn Melancholia hat Angst vor dem Schönen.

Ich will ihr keinen Schmerz schenken,
denn meine Angst, sie zu verlieren, ist zu groß.

Was könnte ich nur sein,
wenn ich sie loslasse -
und wer kann ich werden,
wenn ich anfange, glücklich zu sein?

Plötzlich spüre ich bei diesen Gedanken
ihre grauen Hände auf meiner Schulter.
Sie tippt mich an
und schmiegt ihre Hände an meine.

Sie versetzt mir meinen traurigen Kuss,
der mich vergessen lassen soll,
dass ich den Mut hatte,
in den Himmel zu schauen.

Ihr Schatten umhüllte den ganzen Raum
und schaut nun über meine Schultern,
während ich diese Worte schreibe.

Ich spüre ihren kalten Atem auf meinem Nacken,
und mir kommt ein Ekel hoch.

Voller Wut schrie ich sie an,
weil sie mir selbst das Schreiben nehmen wollte.
Das -
was mir als Einziges auf dieser Welt übrig blieb -
will sie mir nun nehmen.

Du gieriger Dämon -
wie kannst du es nur wagen?

Reicht es dir denn nicht,
dass du meine Liebe genommen hast,
mein Herz,
meinen Verstand,
meinen Körper,
meine Freunde -
überhaupt jegliche Freude,
die ich in meinem Leben verspürt habe?
Hast du genommen.

Du gieriges Wesen ohne Sinn und Gefühl.
Ich gab dir alles,
und was du mir hinterlassen hast,
war deine tiefe, einsame Trauer,
die mich wie ein brennender Strom erwürgte.

Nicht in dieser Nacht wirst du mein Leben nehmen.
Nicht in dieser Nacht.
Und verschwinde.

Du grauer Dämon ohne Herz.
Auch wenn du meines frisst -
wird dir keines wachsen.
Dämonen sind nun eben von Dummheit geplagt.

Können Dämonen Dämonen haben?
Wenn ja,
dann ist das euer ganz persönlicher Dämon.

Verschwinde mit deinem Schatten
und wag es nicht, mir das zu nehmen.
Wag es nicht, es mir jetzt zu nehmen.
Noch nicht.

Mit einem Male war sie verschwunden -
und ich fing an, sie zu vermissen.

Wann werde ich auch die letzte meiner Gaben
als Narzisse verwelken lassen,
um sie ihr in der nächsten Nacht zu schenken?

Verdammt ist mein Leben,
denn ich ließ ihr Gift zu.
Und wer einmal an die Melancholie erkrankt,
der kann sich mit Mühe heilen.
Doch wer sich in sie verliebt,
der wird sein ganzes Leben lang brennen.

Dieser Mensch wird jegliche Art von Bindung
vergrauen lassen,
das Leben wie einen vorüberfahrenden Zug sehen -
und eines Tages vor diesen springen.

Ich rede von den Verliebten der Melancholie,
die sich nicht mehr losbinden können.

Wir Narren ersticken am grauen Beton,
den Melancholia allnächtlich mischt
und uns zum Essen zwingt.

Wir lachen,
während wir ersticken -
mit einem Auge, das vor Trauer weint,
und einem Auge, das vor Verständnis lacht.

Wir, die Suchenden, verfallen ihr schnell -
und eben dies ist der Grund,
weshalb wir an unserem Leid zugrunde gehen.

Wir erstrahlen in Grau,
denn sie hat uns alle Farben genommen.

Menschen,
die der Melancholie verfallen sind,
sind im Laufe des Lebens arm geworden
und sterben früh.

Mein eigener Körper blättert ab –
und es ist nur eine Frage der Zeit,
bis mich Melancholia anzündet,
um sich kurzweilig aufzuwärmen.

Meine Asche lässt sie liegen,
denn ich bin ihr nicht mehr von Nutzen.
So werde ich im Winde vergehen
und verstreut in den verschiedenen Teilen der Erde
verweilen.

Bei diesem Gedanken
wird mir ganz warm ums Herz.
So wäre ich wie der Schleier meiner Seele:
unkenntlich, kaum sichtbar,
dennoch stark in ihrer Präsenz.

Verteilt mein Sein in Millionen Partikel –
ganz wie die Seele
in unzählbare Splitter untergeht.

Hoffentlich trifft eines dieser Splitter Melancholia
und wird sie ausbluten lassen.

Oh Welt,
oh Grün,
oh Blau,

oh Rot,
oh Braun:
Nehmt mich auf
und schenkt mir Farben,
die mich vergessen lassen,
wer ich war -
um nicht mehr der zu sein,
der ich heute bin.

Ich streife die Nächte umher
ohne Ziel.
Ich bin ein Toter ohne Sarg,
den man zugrunde peitscht
mit der Verachtung Gottes,
da ich seinen Funken
gegen die Dunkelheit Melancholias eingetauscht habe.

Wirst du mich lieben können,
wenn ich vor dir stehe
und dich um Gnade bitte?

Ich würde mir selbst nicht verzeihen,
weil ich - wenn ich könnte -
ihr deinen Funken wiedergeben würde.

Oder sage ich das nur,
weil sie mich zwingt, es zu sagen,
um deinen Zorn auf mich zu ziehen?

Wovon kann ich träumen,
wenn ich dich loslasse?

Könnte ich mir verzeihen,
wenn ich dich töten würde?

Es sind diese schwarzen Nächte,
die mich an meinem Herzen packen
und allen Saft ausdrücken,
um das Stück Leben zu trinken,
das mit einem Male
voller Ignoranz ausgespuckt wird.

Auch wenn es dich jetzt schmerzt:
Ich wage es –
und schaue hoch
und erblicke die hässliche Schönheit.

Oh du grauenhaftes, wunderbares Leben,
mir scheint,
dass du heute kaltwarm aussiehst.

Deine Sterne sind heute helldunkel,
und der Himmel wirkt so schwarzblau.

Du redest schweigend zu mir
und flüsterst laut,
dass ich sichtbar blind geworden bin.

Wie schön undankbar du heute aussiehst,
Nachthimmel.
Deine Sterne haben noch nie so dunkel geschienen,
und welch verstecktes Offensichtliche
sie mir heute vorführen.

Heute ist die Nacht der Halbwahrheiten,
gestern die der Wahrheit,
morgen die der Lügen.

Doch heute lasse ich mich
mit einem kaputten, ganzen Blick
zufriedengeben.

Denn wie lange bleibt auch dieses Gefühl erhalten?

Meinem müden Blicken nach
wird bald der Zeitpunkt kommen,
an dem ich zugrunde gehen werde.

Ich hoffe -
wenn ich das sagen darf -
noch einmal von Herzen lachen zu können.

Einmal den hohen Berg hinaufsteigen
und über den Wolken die Welt erblicken.

Nur ein einziges Mal
will ich die Sonne am Morgen aufgehen sehen
und einen Stein nach ihr werfen.

Ich würde mir ausmalen,
dass dieser Stein in der Schwerelosigkeit
wie ein leichter Strahl
die Sonne trifft -
noch bevor er an ihrer Hitze verglüht.

Ich will mich
an ihrer Wärme erhellen lassen
und frei sein.

Ich will Melancholias Ketten
nur für ein einziges Mal brechen
und den Berg meiner Seele erklimmen.

Ich würde mich
auf den nassen Boden
eines wunderschönen Sommermorgens legen
und die frischen Düfte der Blumen einleben.

Ich hätte mir einen Strauß gebunden
und ihn einer Frau gegeben -
jener Frau
mit langem dunklen Haar
und Augen,
in denen ich tagelang umherirren möchte.

Vielleicht hätte ich ihr
auch ein oder zwei Küsse gestohlen -
und viel leichter hätte ich ihr meine Liebe gestanden.

Was könnte ich fühlen,
wenn ich dich loslasse?
Was könnte ich geben,
wenn du mir nichts mehr stehlen würdest?

Oh Mensch -
die Melancholie ist ein tückischer Dämon,
der mir Freudlosigkeit schenkt
und mit Kälte umarmt.

Sie liebt euch ohne Herz
und lächelt ohne süße Grübchen,
die euch die Welt besprechen lassen.

Sie ist ein dunkles Wesen,
das bohrt und bohrt.

Fragen wird sie nie, wie es euch geht -
und fragend wird sie schauen
auf die Antwort,
was ein Leben wert sei.

Verliebt euch nicht, lieber Mensch.
Sie wird euch alles nehmen,
und wenn sie alles genommen hat,
fragt sie nach mehr.

Ihre Gier ist unstillbar.
Sie teilt nicht euren Sinn für die Erde.
Vielmehr verdoppelt sie euer Leid
bei jedem Rufen nach ihrer Nähe.

Ihre schalen Lippen
schmecken nach Hoffnungslosigkeit und leerem Sein.
Und wenn sie tanzt,
dann führt sie - und zwingt euch, ohne Eigenwillen,
ihr nachzuahmen.

Sie benutzt euch als Marionetten ohne Fäden.
Sie ist ein hohles Wesen,
das den Geschmack guten Weins nicht kennt -
jenes lieblichen Lebensweins,
den der Mensch sich in seiner Pacht einschenkt
und voller Stolz dem Leben ein besonnenes Nicken
schenkt.

Jenes versüßte Lächeln,
das alle Dämonen im Keim ersticken lässt.

Ich vermag dies nicht mehr zu können.
Jenes scharfe Messer ist nun stumpf,
und schneiden kann ich nur mich selbst.

Ich ersticke am ganzen Brote,
das so fahl und lustlos schmeckt -
ganz Melancholia gleich.

In diesen einsamsten aller Nächte
verstumme ich
und frage still:
„Wozu noch all dies?"

Wohlmöglich ist dieser Funken,
den Gott mir einst gegeben hat,
so hell gewesen,
dass er mein Inneres brennen ließ -
damit ich dem widerstehe
und bis zu meinem Tode
gegen Melancholia ankämpfen kann.

Ob ich sie jemals hinter mir lassen werde?
Ob Melancholia freiwillig
als heller Schatten mein Leben verlässt?

Ich traue mich nicht zu fragen -
aber:
Könntest du mich bitte befreien, liebstes Ich?

In Dunkelheit geboren, deine Augen suchten mich,
Kein Brot, kein Wein - ernährst dich von meinem
Licht.
Ohne Schuld und ganz langsam berührte ich dich,
Und du verschlangst mich in deiner Welt des Nichts.

Dein Kuss so trocken, lustlos, kalt gerührt,
Versuchte zu entkommen, als Erfolglosen mich
gekürt.
Dein Sein, dein grauer Schatten hat mich verführt -
Melancholia, in welche Oberfläche hast du mich
geführt?

Kann nicht mehr lieben, gar noch fühlen,
Einst war ich Flamme - heut ein leises Glühen.
Hab Angst, dich mit Freude zu betrügen,
Red von Liebe - und erwisch mich beim Belügen.

Kann deine Hand nicht loslassen,
Habe Angst, dich zu verpassen.
In Dunkelheit hast du mich gelassen -
Fing an, mich selbst zu hassen.

Dein Grau - meine Farbe.
Dein Geruch - mein Parfüm.
Dein Lächeln - meine Krone.
Dein Verlangen - mein Gehorsam.

Meine Knechtschaft - dein Wille.
Mein Untergang - deine Nähe.
Mein Sein - dein Nichts.
Meine Trauer - dein Wesen.

Abschied nehmen fällt mir schwer -
Denn ist es der des Lebens oder deiner?
Will Licht erblicken - deiner Dunkelheit
zurückgekehrt,
Bin des Glückes Narr und der Melancholie Reiter.

Blicke in die Tiefen meines Seins - und will erstarren,
Der Angst wegen in Einsamkeit ich werd verharren.
Ob ich jemals zu dir find, will ich bezweifeln -
Melancholia, in deinen Armen will ich verweilen.

IV

Beim täglichen Spaziergang sah ich in die Ferne
und beobachtete eine Schar von Menschen.
Sie sahen reich aus - mit ihren Sonnenschirmen,
gepflegten Hunden und weißen Kleidern.

Meine Klamotten sind verlumpt und voller Löcher -
und als ob das nicht bereits ein Zeichen meiner Armut
wäre,
unterstreicht mein schlaffer, krummer Körper
mein verkümmertes Leben.

Ich frage mich in solchen Momenten,
ob dieser bloße Reichtum
nicht eine Beleidigung gegen Gott sei.

So aufgeplustert,
so herablassend ihre Blicke.

Welche Wut
und welch noch größeren Hass
ich in mir verspüre,
wenn ich diese nutzlosen Menschen sehe.

Ich würde sie gerne an ein Kreuz hängen
und brennen sehen.
So sehr hasse ich diese Menschen.

Sie sind das größte Ungeziefer dieser Welt.
Wo Reichtum herrscht, da herrscht auch Armut.
Diese Brüder gehen Hand in Hand.

Ich sehe sie in ihren großen Häusern
und mit ihren prachtvollen Autos fahren.
Mir wird übel bei dem Gedanken,
dass sie auch so etwas wie Seele besitzen.

Eine Neureiche schlimmer als die andere.
Ich sehe ihr perfekt verknotetes Kleid aus Seide,
ihren schwarzen Schirm mit Goldumrandung
und einen dressierten Affen,
den sie stolz am Seil hängen hat.

Oh, du Seelenlose,
du Schandfleck dieser Erde.

Am liebsten würde ich dein beschmutztes Leben
mit der Reinheit Gottes waschen
und dir deine Gräueltaten vor Augen halten.

Warum erst danach?

Nun -
würdest du nur ein Stück Anstand in dir tragen,
so kämest du nie auf die Idee,
einen Affen als dein Tier zu bezeichnen.

Oh, welch armes Tier
und welch noch ärmerer Mensch.

Ich knie vor dir nieder, Gott,
und bitte dich:
Bestrafe diese Menschen -
sonst muss ich es tun.

Ich hänge an dieser Welt, die du geschaffen hast,
und kann diese Art von Mensch nicht ausstehen.

Mein Körper brennt,
und am liebsten wollte ich hinlaufen
und meinen kompletten Zorn
an dieses schauspielerische Pack herauslassen.

Herumwüten wie ein Dämon des Hasses -
ich hätte die Tiere befreit
und mit meiner eigenen Rechenschaft
ihre Leben beendet.

Doch ich bin zu schwach,
wenn ich ehrlich bin.
Ich kann es nicht.
Denn ich bin arm.

Meine Knochen kann man sehen,
und dieser trostlose Körper
kann nicht erschaffen -
und schon gar nicht zerstören.

Fünfzig Kilo trage ich auf den Rippen
und sehe zerbeulter aus
als jeder Abfall einer Deponie.

Ich bin schwach.
Ich bin arm.

Wenn diese Menschen mich sehen könnten,
würden sie mir
eine Mischung aus Mitleid und Verachtung
entgegenbringen.

Sie kennen nicht den Hass -
folglich kennen sie mich nicht.

Ich frage mich, tief im Innern,
ob ich mich überhaupt richtig kenne.

Denn ich will sie meinen Zorn büßen lassen -
doch schaffe es nicht einmal,
mich selbst zu bezwingen.

Welch trauriges Schicksal.
Ein Krieger ohne Schwert bin ich.

Ich fühle mich in diesen Momenten
wie ein Lagerfeuer ohne Besucher,
die sich an meiner kalten Wärme erhellen wollen.

Was ist nur aus mir geworden?
Was hat all der Hass aus mir gemacht?

Aber ich muss hassen.
Ich muss diesen Zorn in mir weitertragen -
denn wer sonst vermag es,
diese Menschen zu beseitigen?

Sie sind Abfall
und gehören nicht in diese Welt.

Es sind reiche Unternehmer,
Politiker,
Staatschefs.

Sie alle sind Lügenbarone.
Sie alle gehören gefangen -
in einem Käfig,
den ich mit meinem Hass anbrennen möchte.

Ich will euch,
verräterische Menschen,
leiden sehen.

Schaut euch doch an -
in euren sanften Leben.
Kennt ihr weder Krieg
noch leere Bäuche.

Mein Bauch ist leerer
als jeder Abgrund dieser Welt.
Hineinschauen könnt ihr in diesen,
und würdet bemerken,
dass er kein Ende besitzt.

Sag - kennt ihr Krieg?
Ich schaue nur in eure Gesichter
und bemerke:
Ihr kennt die Finanzen dieses Spiels,
aber nicht das niederträchtige schwarze Wesen,
das die Seelen der Kinder frisst
bei jeder Bombe,
die auf ihren Körpern platzt.

Habt ihr Ahnungslosen
jemals in die Augen dieser Menschen gesehen?

Du, Frau in Rot:
Kennst du das Gefühl der Machtlosigkeit,
wenn dein Kind vor deinen Augen
einen Granatsplitter im Herzen trägt?

Oder du, Vater zweier Kinder:
Sag du mir -
kennst du die Machtlosigkeit deines Lebens,
wenn du deine Frau ein letztes Mal siehst,
bevor sie von feindlichen Truppen niedergeschossen
wird?

Anschließend fragen dich deine Kinder,
wo Mama sei -
und du brichst in Tränen aus,
weil du deine Funktion als Spielzeug erkannt hast.

Ihr kennt diese Gefühle und Sorgen nicht.
Eure Sorgen sind:
die Kurven auf den Aktienmärkten,
der abgelaufene Kaviar,
oder der verspätete Termin eines Geschäftskunden.

Ich verrate euch den Schmerz,
der in meinem Herzen tobt.

Ich sehe ihre Wunden,
wie sie voller Blut aus den Körpern stoßen -
und wegen des Drecks,

vermischt mit Schwarzpulver,
sich zusätzlich entzünden.

Ich kann sie Nacht für Nacht hören -
die Schreie der Kinder, meine ich.

Dieses aus tiefster Seele gepresste Schreien,
mit Atemaussetzern,
zerfrisst mein Fleisch
und jede Partie meines Herzens.

Ich sehe ihre Münder -
weit aufgerissen
und nach Gottes Gnade bettelnd.

Ich sehe die kleinen Kinder
in ihren löchrigen Pullovern,
wie sie sich aus Angst umarmen
und nach ihren Eltern rufen.

Immer und immer wieder sehe ich euch zwei:
Ein kleines, vierjähriges Mädchen im roten Kleid
und ein fünfjähriger Junge
im grau-grün gestreiften Pullover.

Ich sehe ihre kleinen, schmutzigen Finger
und die Ablagerung von Schlamm an ihren
Fingernägeln.
Ich schaue mir ihre Hälse an
und entdecke viele tief gehende, schwarze Kratzer.

Sie umarmen sich gegenseitig
und zittern vor müder Angst.

Die Haare schwarz,
mit grau getrockneter Erde,
die langsam zu bröckeln beginnt.

Ihre kleinen Knie sind so friedlich und zart.
Wie kann man nur.
Ich meine:
Wie kann man nur diese Knie ohne Reue verletzen?

Ich rieche jeden Tag die verkohlten Körper
und muss an diese kleinen Kinder denken.
Sie hätten weiter in Frieden leben können.

Ein Friede,
der nur auf einer Seite der Welt
künstlich und bewusst erzeugt wird.

Genau in diesem Moment
ist noch ein Kind gestorben.

Kannst du ihre Schreie hören?

Ich schaue mich um in meinen Gedanken
und erkenne eine Mutter.

Sie kochte wie jeden Tag Reis für ihre Kinder
und machte für den Jüngsten
eine besondere, gutriechende Suppe
mit frischen Kräutern aus ihrem Garten.

Sie rührt mit dem Holzlöffel
und stellt den Herd eine Stufe niedriger.

Plötzlich - und ganz leise -
explodiert ihr Haus.

Sie stirbt samt ihren Kindern.
Denn sie spielten in der Zwischenzeit
seelenruhig im Wohnzimmer.

Sie waren glücklich.
Ich meine: Sie waren glücklich.

Die einzigen Überreste fressen die Hyänen
und sagen mit stolzer Stimme:
„Erwischt. Jetzt fehlen nur noch 47."

Weit entfernt sehe ich einen tüchtigen Vater
mit Hornhaut übersäten Händen.
Sie sind ganz verdreckt
vom Schmutz in der Mienenfabrik.

Steine schleppen, bohren,
und weitere Steine schleppen.

Die Dunkelheit ist sein Freund,
und Armut sein treuer Begleiter.

Für Angst ist kein Platz.
Fürs Aufgeben sogar noch weniger.

Er muss seine Familie ernähren,
denn sein Sohn liegt im Rollstuhl,
und seine Frau hat deswegen Depressionen.

Sie gibt sich die Schuld für die Fehlgeburt
und braucht seitdem Pillen,
um den Gelüsten des Todes zu widerstehen.

Er wird später
vor den Augen seiner Frau erschossen -
und musste zuvor zuschauen,
wie sie auf grausamste Weise misshandelt wird.

Noch später
wird auch sie erschossen.

Der Junge wurde -
samt Rollstuhl - erhängt.

Ich frage euch nochmal,
ihr Menschen ohne Seele:

Ist es das wert?

Was ich meine:
Ist es das wert,
dieses schmutzige Geld
gegen Menschenleben auszutauschen?

Welch unsagbare Wut ich wieder in mir trage,
wenn ich mich an eure Gesichter erinnere.

Und ein besonderes Gesicht
geht mir nicht mehr aus dem Kopf:

Der Mann mit Zylinder.

Du warst der boshafteste unter ihnen.
Denn du gabst vor, Moral zu besitzen -
und eine Tiefe vorzuspielen,
wie kein Zweiter.

Ich glaube:
Je böser der Mensch,
desto geschickter kann er
eine künstliche Tiefe erschaffen.

Oh, du ärmlicher Mann an Moral,
ich schaue dir in deine Katzenaugen
und erkenne graue Kreise
um deine grünen Pupillen.

Deine Nase ist gerade -
doch deine Lügen binden sich nicht daran.

Deine Augenbrauen: eckig und gepflegt.
Deine Stirn:
weder vom Nachdenken
noch von Stress gezeichnet.

Mein Hass brodelt
wie eine giftige Suppe,
die ich dir kostenlos
und täglich dreimal servieren möchte.

Deine Hände sind keine Arbeiterhände.
Sie sind zu zart -
zarter als jedes Pfirsichblatt,
frei von nervenaufreibender Hornhaut.

Dein Körper: schlank,
von beispielloser gesunder Ernährung.

Du schaust aus,
als würdest du jeden Wein am Geruch erkennen,
jeden Käse bereits gekostet,
und jede Zigarre angezündet haben.

Du bist der Abschaum
und das Sinnbild
dieser verkommenen, neureichen Gesellschaft.

Anzünden will ich dich
und deine Asche
im Kriegsboden begraben.

Du bist der listigste von allen Heuchlern.
Ich erkenne deine Masken,
und ich erkenne deine flache Tiefe.

Sitzend schaust du in die Ferne.
Doch wohin schaust du genau?

Du trägst keine Ferne in dir -
wie willst du dann überhaupt in die Ferne schauen?

Du hast keine Werte,
denen du Gehör schenken könntest.

Keine Moral,
die du wie einen Faden um den Mond binden
und auf ihm einen traumhaften Gottestanz vorführen
könntest.

Du besitzt keine Sinnlichkeit,
mit der du zärtlich und liebevoll
den Körper einer Frau küssen könntest –
und nur mit diesen Küssen ihre Welt verstehst.

Du besitzt nichts.

Dein Leben ist wie ein Leben,
das zerbricht,
wenn ich dir dein Geld nehme
oder dich vom Status her beraube.

Du befindest dich gern in vornehmer Gesellschaft,
doch verstehst nicht,
dass Gesellschaft nur ein Gerüst ist –
aus Trugbildern der Neuzeit.

Du bist ein jämmerliches Nichts.

Obwohl ich arm an Geld bin,
so habe ich Seele –
und diese Seele ist reicher
als jeder Geldwert, den du besitzt.

Du sprichst sicherlich von der Schönheit der Welt
und taufst deinen Sohn in Gold.

Doch nimm all das Gold
und taufe die nächsten hundert deiner Kinder:
Seele und Gott
werdet ihr nicht in euch tragen.

Du bist ein Trauerspiel,
das sich mit Lügen bekleidet.

Welche Maske ziehe ich heute an?
Welches Lügengewand steht mir besonders gut?
Mit welchem Schuh
soll ich fremde Geschichte betreten
und ihren Sinn stehlen?

Ich werde langsam müde
bei all dem Hass,
den ich dir gegenüber verspüre.

Genauer genommen
verspüre ich hinter meinem Hass
ein unendliches Gefühl von Mitleid.

Ihr seid gefangen in einem goldenen Käfig.

Denn ihr seid Gefangene eures Geldes
und könnt die eigentliche Freiheit nicht verstehen.

Die Freiheit,
ohne Hintergedanken zu lieben.

Das Gefühl,
einen saftigen Apfel zu essen
mit dem letzten Euro in der Tasche.

Viele Tage zu Fuß zu reisen,
weil kein Transport wegen Geldmangels besteht.

Ihr versteht so vieles nicht.

Ihr seid bereits am Gipfel des Berges,
sodass ihr die Früchte auf dem Weg dorthin
nicht genießen konntet.

Aus diesem Grunde
tut ihr mir so leid.

Besonders du, mein Zylinder-Freund.
Du tust mir besonders leid.

Denn - was ist schlimmer?
Vorzugeben, ein Gefühl zu kennen -
oder nicht einmal zu denken,
dass dieses Gefühl überhaupt existiert?

Du spitzzüngige Hülle von Mensch,
bist wie ein Mantel im Sommer
für uns Seelensuchende.

Denn du bietest keinen Nutzen für uns.

Aus dir kann ich nicht lesen.
Ich kann deine Seele nicht aufschlagen
und deine leuchtenden Sterne fangen.

Du besitzt keinen schönen Sternenhimmel -
nur einen verdreckten Boden
voller Eiter und Ungeziefer.

Ich kann nicht die lieblichen kosmischen Seiten
durchblättern
und stundenlang einen Lebenssatz von dir lesen.

Denn deine Sätze sind motorisch
und facettenarm.

*„Vorzüglich der Wein. Welch traumhaftes Wetter heute
doch ist.*
Ist das Wildleder? Wo ist der Mandant?
Lachsblond und ohne Widerrede.
Was ist mein Gewinn? Was ist mein Gewinn? Was ist
mein Gewinn?"

Du widerst mich an mit deiner Existenz
und bist im Grunde genommen
eine Verschwendung des Lebens.

Wie könnte ich anerkennen
oder gar akzeptieren,
dass du, Menschenhülle,
genauso viel Seele hast wie ich?

Ich kann es nicht,
denn es wäre eine Beleidigung meinerseits.

Ich verachte dein Sein,
und ich verachte deine Sinnlosigkeit.

Du erkennst nicht das janusköpfige Wesen in dir.
Aber ich erkenne es -
und komme schlussendlich wieder zum gleichen
Ergebnis:

Du tust mir leid, widerlicher Seelenschauspieler.

Mit diesen Worten
verabschiede ich dich aus meinem Leben
und hoffe inständig,
dich nie wieder zu sehen.

Arme Seele -
es sind die Parallelen, die mich so schmerzen.
Parallelen unserer Welt.

Auf der einen Seite besitzen wenige,
verschmutzte, reiche Menschen alles -
und auf der anderen Seite
sterben Kinder an Hungerleiden.

Es ist so ermüdend, zuzuschauen.
Denn es sind nicht ihre Kinder,
die an solchen Schicksalen sterben.

Sie haben Geld für Krieg,
aber keines für hungernde, knurrende Mägen.
Sie haben Geld für Waffen,
aber keines für Chancengleichheit.
Sie haben Geld für teure Flugobjekte,
aber keines für Kleidung in Kriegsgebieten.

Denn es sind die Opfer des Krieges -
und wenn sie schon beschossen werden,
dann brauchen sie auch keine saubere Kleidung.

Wozu Essen hinschicken,
wenn sie sowieso am Ende
nicht wegen Hunger,
sondern wegen Bleikugeln und Granaten sterben?

Es ist eben diese Parallele,
die wie ein Spiegel durch meinen Kosmos fliegt.

Die Existenz und Notwendigkeit des Krieges
mit Frieden gleichzusetzen,
ist mehr als nur eine Gotteslästerung.

Diese Ausreden
sind direkte Angriffe
an die Kompetenz denkender Menschen
und mitfühlender Wesen.

Mein Fleisch verkrampft,
und mein Herz weint Blut
bei dem Gedanken,
dass Frieden nur durch Krieg entstehen kann.

Es sind eben diese Art von Mensch,
die wie eine Pest in unserer Gesellschaft
sich ausbreiten.

Ohne Sinn für Liebe,
ohne Empathie

kochen sie mit ihren Händen etwas
fürchterlich Giftiges,
das sie uns tiefen Seelen
zu trinken geben wollen.

Meidet das Getränk -
und was noch besser wäre:
Schüttet es in ihre verräterischen Gesichter
und geht getrost und ohne Mitleid euren Weg.

Ich rede von euch.
Könnt ihr meinen Seelenschrei hören?

Ihr Politiker,
Lobbyisten,
Verräter,
und raffgierige Unternehmerratten.

Ihr seid vernarrte Ratten
mit einem pelzigen Gewand aus Rattenhaar.
Ihr kommt in Scharen,
damit wir tiefen Seelen erstarren.

Ihr begebt euch in die Kanalisation,
die ihr euer Zuhause nennt -
und nagt an den Knochen toter Kinder.

Ihr gottlosen Wesen -
ohne Reue
und mit Schamlosigkeit.

Euer Gericht wird kommen -
und spätestens dann,
wenn ich vor euch stehe.

Ich bin der leise Schrei,
der wieder und wieder
in euren Köpfen beharrt bleibt.

Ich bin das kalte Gefühl im Sommer,
wenn ihr eure Jacken vor Zittern zuknöpfen wollt.

Ich bin der Rächer eurer Taten
und werde euch höchstpersönlich
zur Rechenschaft ziehen.

Ich werde euch binden am gerechten Seil
und euch Bilder der toten Menschen
vor euren hinterhältigen Augen halten.

Ich gebe euch euer persönliches Rattengift -
um diesen Planeten zu säubern.

Ihr manipulativen Rattenpack.

Ich werde.
Ich werde.
Ich werde euch büßen lassen
für das,
was ihr uns tiefen Seelen antut.

Ich werde Gott alles erzählen.

Es sind diese Menschen,
die ich mit meinem Zorn erwürgen will -
jene Menschen,
die die Freiheit anderer,
zarter Menschen eingrenzen,
weil sie aus Gier handeln.

So schicke ich euch meine erste Botschaft,
um den ersten Todesschnitt zu zeichnen:

Still in deiner dunkelsten Nacht,
da wart' ich auf dich, wohlbedacht.
Nimm deine Habseligkeiten und verstecke dich,
tief im Dunkeln, ganz tief - da wart' auf mich.

Du willst fliehen und laut schreien,
doch wo sind Beine, wo dein Mund?
Jagen werd ich dich - bis in die tiefsten Reihen,
Geld, dein Gott, dein verletzlichster Grund.

Und hab ich dich gepackt am Seidenkragen,
willst bettelnd reden und mich im Geldgeschäft
beraten.
Sag, du Seelenloser - wie kannst du es wagen?
Verfluchen werd ich dich bis in die letzten Tage.

Da hilft kein Geld, kein Gold, kein Weiß,
Auge um Auge, Zahn um Zahn.
Wutentfacht - deinen Körper ich zerreiß,
vergesse mich im Blutrausch, wie im wilden Wahn.

Sprich dein letztes Gebet, wenn du eins hast,
wie du Seelenloser mich tobend machst.
Hundert Jahre wirst du brennen - ohne Trunk, ohne
Rast,
dein Geld, einst dein Helfer - heute deine größte Last.

So ziehe ich mein entfachtes Schwert,
du gebückt mit gestrecktem Kopfe.
Auf dass du durch mich wirst gelehrt:
Blut für Blut, wie das der Kinder tropfte.

So schreist du wie am ersten Tag deiner Geburt,
hörst du die Mägen der armen Kinder knurr'n?
Bewegst dich im Dreck wie der letzte Wurm -
sie schauen dir heut zu vom allerhöchsten Turm.

So ist es vollbracht - dein dunkler Kopf am Rollen.
Jetzt Kinder - jetzt könnt ihr im Himmel herumtollen.
Unbeschwert, kein Zwang und kein Drang ihr
verspürt -
seht alle zu, wozu mein Frieden führt.

(Singt nun alle mit)

Ihr werdet bestraft für das, was ihr tut,
bringt mich zum Glühen - bis zur Weißglut.
Ich werd' euch schnappen der Kinder wegen,
Berge versetzen - euch in die tiefste Hölle bewegen.

Kein Himmel, weder Wolken werdet ihr sehen,
rollende Köpfe - eure Sicht wird sich drehen.
Unsere Seelen - nun ist Frieden heimgekehrt,
ihr Heuchler, ihr Seelenräuber - wurdet eines
Besseren belehrt.

V

Heute dürstet es mich,
nach den traurigsten aller Seelen zu schreiben:
den Seelen der gefallenen Mütter.

Im Laufe meines Lebens
konnte ich eine Menge dieser Frauen kennenlernen,
die meinem Ich auf eine Weise
so nah gekommen sind wie sonst niemand.

Sie sind unvergleichlich
und unvergesslich schlechthin.

Ihr Lächeln kommt stets
mit einer leichten Traurigkeit einher,
sodass nur Suchende
diese Schwärze spüren können.

Sie sind die Mütter des Einsamen
und erschaffen trotz ihres Lichtes
viel Dunkelheit in die Seelen der Wissenden.

Ihre Art zu reden
ist wie sich selbst zu schneiden,
wenn die Wahrheit der eigenen Worte Einklang
findet.

Eine große, kaum definierbare Seelenruhe
ist in ihren Augen wiederzufinden.

Denn um sich selbst zu erleben,
kann der Mensch reisen,
seine individuelle Wahrheit durch Beziehungen
definieren -
oder im Dunkeln vergehen.

Sie jedoch wurden dazu verdammt,
sich auf die schmerzlichste Art
der Wiederentdeckung zu verlieren.

Eine ungeheure körperliche Schändung
und der psychische innere Krieg
hinterlässt Wunden
auf den einst so zarten Seelenflügeln.

Ich frage mich in solchen Momenten,
warum Gott besonders solche Frauen
diese Qualen erleben lässt.

Sie sind so schuldlos -
und eben diese Jungfräulichkeit
tragen sie ihr ganzes Leben lang im Herzen.

All das Leid erschuf
eine undurchdringbare Barriere
um die Herzen dieser Mütter.

Ganz im Stillen blicken sie zurück
und schauen,
ob dieses Kästchen voller Geheimnisse
weiterhin fest verschlossen ist.

Den Schlüssel legten sie einst
in die untreuen Hände ihrer Männer,
die den zerbrechlichen Schlüssel anzündeten,
um anschließend diese Asche
über die verletzten Frauen zu werfen.

Ihr ganzes Leben ist eine Anordnung
verschiedener leidvoller Szenarien,
die allen Grund geben,
Gott zu verfluchen
und den Rücken ihrer Täter auszupeitschen.

Doch diese Seelen
wurden zum Mitleiden erzogen
und vergessen sich selbst in allen Sekunden.

Besonders vergesslich sind sie,
wenn die brennende Peitsche der Verdammnis
auf ihre von Pfirsichblüten geküsste Haut trifft.

Und ich selbst kann nicht anders,
als mitzufühlen
und mich zu fragen,
warum ihr euch all diesen Qualen nicht
entgegensetzt.

Ein undurchdringlich tobender Wind
durchflutet meine Finger beim Schreiben,
wenn ich an die leeren Augen
dieser verletzten Mütter denke.

Ich verspüre alles Leid
mit einem Schlag zu brechen -
und samt Knochen aller Täter,
die dafür verantwortlich sind.

Seitdem ich zurückdenken kann,
starren mich diese dunklen Augen ohne Hoffnung an,
die mich auf unergründliche Weise
Schuld fühlen lassen.

Die tiefste Schuld verspüre ich
beim Anblick in die dunkelsten Augen meiner Mutter.

Noch heute sehe ich diese tieftraurigen Augen,
die sich von dieser Welt loslösen wollen.

Sie war eine zarte Frau
voller Leid und Kummer.

Ihr Streben nach Liebe
hat sie in unzählige Teile zerbrechen lassen,
sodass sie sich selbst -
und mich - nicht wiedererkannte.

Ihr Gesicht zeichnet tausende Geschichten,
die sie mir nicht erzählen will,
und ihre Stille erdrückt mein Lichtlein,
weswegen meine Beine beim Aufstehen brechen.

Aus den zerbrochenen Knochen
schnitze ich kleine Splitter als Brennmaterial,
um mir ein Feuer anzuzünden,
an dem ich in meiner Einsamkeit vergehe.

Mutter, wieso bist ausgerechnet du die Person
gewesen,
die mir die Einsamkeit schenkte?

Du selbst hast einen Sohn erschaffen,
der sich in die Melancholie verliebte,
seiner Schwäche unbewusst
und der Untreue gegenüber Gott verfallen ist.

Es ist unglaublich still,
wenn ich in deine Augen schaue
und versuche, etwas herauszulesen
über die Dinge,
die du mir nicht erzählen möchtest.

Genau wie bei Vater weiß ich nichts über dich.

Als ob du deine Welt mir gegenüber bewusst
verschließt,
damit ich auf ewig
in den dunklen Tiefen deiner Augen umherirre.

In diesen Nächten frage ich mich,
ob du mich vielleicht ganz tief im Innern hasst.

Vielleicht ist der Gedanke,
dass deine Abwesenheit die Antwort darauf ist.

Ich habe Angst,
dass deine Augen einst meine werden
und ich im Strudel der dunklen Sterne vergehe.

Alsbald bleibt nur noch Kosmos übrig,
der sich über die nächste hilflose Seele ausbreitet
und sie in einem Zuge verschlingt.

Dieses Leben schenkt uns Kummer und Leid -
und du besonders
hast mir eine seltene Einsamkeit geschenkt:
Die Einsamkeit der Seele.

Nichts ist ärmer
als ein Mensch,
der alleine einsam ist.

Du warst es dein Leben lang -
und, als du diese Last nicht mehr tragen wolltest,
hast du Gott gebeten,
deinen eigenen Sohn mit diesem Fluch zu segnen.

Auf die Frage, ob ich dir eines Tages vergeben könnte,
habe ich keine Antwort.

Nicht, weil ich es nicht wüsste -
vielmehr der grauen Gleichgültigkeit wegen.

Denn der Dämon der Einsamkeit
schenkte mir das Verständnis dieser Gleichgültigkeit.

Das Interesse am Leben verwehte,
die Verbindung zu Freuden ertrank,
das Verlangen nach Leidenschaft erlosch -
und der Wille zur Zerstörung wurde geboren.

Mutter,
du hast in deiner Dunkelheit einen Feind
großgezogen,
der dich mit Hass grüßt
und deinem Leben keine Beachtung mehr schenkt.

Der Tag, an dem mir der Dämon
diesen Fluch ins Fleisch brannte,
schwor ich,
alles und jeden zu vernichten.

Besonders Vater, der mich verschlingen wollte,
reiße ich in Stücke
und werde ihn vor deinen Augen
im kalten Eise verbrennen.

Nichts will ich lieber,
als deine toten Augen wieder zu beleben -
um sie anschließend ein zweites Mal hinzurichten.

Ich will deinen Hass aufsaugen,
um mehr von den Menschen,
die deinem Ich gleichen,
zu Asche vergehen zu lassen.

Voller Trauer schreibe ich diese Schriften nieder.
Denn selbst ich weiß,
dass hinter solchen Worten
viel Schmerz und Tapferkeit verbirgt.

Solche Worte sind die Geburtsstätten der Dämonen,
die im Zuge der Verwahrlosung
an meiner vermoosten Tür klopfen.

Selbst wenn keiner sie öffnet,
durchschlagen sie mit ihren dunkelroten Händen die
Tür
und fesseln dich
quer über den brennenden Flammen der
Verdammnis.

In Gedanken brenne ich seit Jahren –
und die Flammen haben bereits eine grüne Farbe
angenommen,
damit ich sehe,
dass alles, was mir lieb ist,
nichts von Wert hat.

Sie zerstören meine Seele in jener Farbe,
die mich an die Hoffnung glauben lässt.

Sie sind Barbaren,
die um meiner Einsamkeit tanzen
und den Dämon huldigen,
während er sich durch mein Fleisch beißt.

„Mehr, mehr, mehr!"
schreien sie im Chor,
während meine Ohren vom Geschrei bluten.

Die Welt ist ein grausamer Ort
voller gieriger, vertriebener Dämonen,
die nach unschuldigen Seelen suchen,
um sie wie verbissene Tiere zu zerreißen.

Die Farbe der Welt
hat an solchen Tagen
eine gelbliche Melancholie angenommen,
die sich von *Nostalgia* nicht mehr trennt.

Welch Dämonen heute Nacht meine Wege kreuzen...
Mir scheint,
dass sie sich auf jenen Tag vorbereiten.

Bei diesem Gedanken
zittert mein Leib
voller Aufregung, Angst –
und dem Willen zur Zerstörung.

Was auch passiert,
und wie viele Dämonen ich auch zähle:
Ich schwinge mein scharfes Seelenschwert
und köpfe jeden von ihnen,
der meinem Leben ein Ende setzen will.

Besonders die Hörner von Sucilia
werde ich brechen
und sie den übrigen Dämonen als Vorspeise
vorwerfen.

Wartet nur,
ihr Biester der Unterwelt.

Meine Zeit wird kommen,
an der ich die Ketten der Heißglut
um eure schattigen Körper lege
und euch samt Pack damit aufhänge.

Bis dahin
vergehe ich im Lichte der Zeit
und decke mich mit der tonnenschweren Decke des
Leides zu.

Schwerer,
Tonne um Tonne,
bis ich ganz eingehüllt bin von Schmerz und Blut.

Wie ein Schmetterling,
welcher im grauen Kokon aufwächst,
werde ich vom schwarzen Leid ernährt.

Welche Farben mein Sein wohl annehmen wird?

Doch bevor ich im ewigen Schlafe des Kosmos
vergehe,
muss ich etwas loswerden, Mutter.

Ich möchte von meinen Träumen erzählen,
die einer anderen Mutter
sicherlich ein grelles Licht in den Augen geschenkt
hätten.

Ich möchte von meinen Wünschen erzählen,
die manch einer als größenwahnsinnig bezeichnet
hätte.

Ich möchte von meinen Ängsten berichten -
und mich in deinen Armen wiederfinden,
die mir alle Angst nehmen.

Ich würde dir gerne
von einer Frau erzählen,
die meinem Herz einen Segen schenkte -
und du mich fragst,
ob sie eine gute Seele sei.

Ich würde dir gerne
von meiner Krankheit erzählen,
die keiner kennt - nur ich selbst.

Ich habe viele Fragen,
und du sicherlich keine Antworten:

Warum ist das Feuer rot?
Gibt es Gott wirklich?
Wieso liebe ich es, den feuchtgrünen Rasen
zwischen meinen Zehen zu spüren?

Wieso bin ich immer so traurig?
Denkst du auch manchmal darüber nach,
ob der Selbstmord Gott wütend machen würde?
Glaubst du, dass Kinder gerade jetzt an Bomben
sterben?
Welche Farbe hat für dich die Hoffnung?
Können wir bitte vor Vater gemeinsam wegrennen?
Warum haben wir so wenig Geld?
Hast du auch Dämonen,
die mit dir reden und schlimme Dinge von dir
verlangen?
Bluten Blätter ganz tief im Herzen,
wenn sie unsere Stille hören?
Warum hasse ich die Menschen, obwohl ich sie
brauche?
Warum ist ein tiefer unendlicher Hass in meinem
Herzen?
Wieso fühle ich mich so unfassbar gelähmt -
und viel wichtiger noch:
Was kann ich dagegen machen?
Wieso bleibst du bei Vater,
obwohl er uns beide täglich misshandelt?
Hast du keine Angst vor ihm?
Liebst du ihn?
Was ist ein guter Mensch?

Auf all diese Fragen
werde ich keine Antworten finden.

Denn deine von Schmerz erfüllten Augen
interessieren sich nicht für mich -
und du lässt mich
in der ahnungslosen Dunkelheit
meines tonnenschweren Kokons.

Es sind diese Fragen,
die mir in diesen Nächten keine Ruhe geben.

Diese grauenhaften Nächte
zerfressen mich stückweise,
bis aus meinem Ich nichts mehr übrig bleibt.

So muss ich auch dich hinter mir lassen, Mutter.

Das ist der einzige Weg,
um die Dämonen zu bezwingen,
die meiner Seele keine Ruhe geben wollen.

In ihrer Welt lebt nur der Gierigste -
und ich will etwas sein,
das in seiner Gier alles verschlingt,
um nicht mehr verschlungen zu werden.

Ich bin auf freudige Weise gezwungen,
dich zu vernichten.

Denn der einsame Dämon,
den du mir damals als Gift verabreicht hast,
sehnt sich nach Rache.

Eben diese Rache
wird auf dich zurückkommen.

Ich bin das Etwas,
das du einst in der dunklen Ecke liegen gelassen hast.

Meine Wunden
musste ich selbst mit Dreck und Elend versorgen.

Meine Kleidung
habe ich mit dem Blut der Dämonen gewaschen.

Großgezogen wurde ich mit
altem Hass
und bunter Gleichgültigkeit.

Die Zeit des Vergebens ist erloschen -
und dein alter Sohn ist in der Asche verkommen.

So strecke deinen Kopf,
um mich von dir zu verabschieden.

Ewige Trauer zeichnen deine Augen.
Ich weiß nichts zu antworten mehr.
Mutter, schenk mir zum Leben Glauben -
mein Inneres: seitdem voller Trauer, leer.

Was hat das Leid aus mir gemacht?
Das, was du mir einst im Wissen gabst -
du riefst nach Gott und batest Teufels Rat,
hast deinen Sohn geopfert -
das Böse erwacht,
deinen zweiten Freund zum Lachen gebracht.

Seither Dämonen-Gelächter im Kopf -
ich bekomme sie nicht übertönt.

Sie schreien ohne Laut,
fordern roten Tropf,
werden vom Seelenfleisch verwöhnt.

Wissend meinen Weg ich geh,
rasend - und vergesse nichts.
Großes Leid ich trag und schwarzes Weh,
steige hinauf den Berg,
um das Licht zu seh'n.

Der Zeit wegen muss ich handeln,
dich aus meines Lebens Ketten befrei'n -
damit wilde Blumen wieder gedeih'n,
damit ich nicht zum Seelenlosen wandle.

So schwinge ich das Seelenschwert.
Mit blutigen Tränen muss ich es wagen.
Die Zeit ist vorbei für Liebe,
für vergebene Klagen -
Mutter und Sohn:
nur Trauer haben sie gelehrt?

Die Welt ist still.
Etwas Göttliches zerbrach.
Leere Gefühle,
Trauer -
nach und nach.
Kaum mehr Kraft,
und Tränen überkommen...

Mensch - handle ich edel?
Oder verkommen?

Was ist nur aus mir passiert?
Ein Wandelnder, der tötet.
Ein Suchender, der verliert.
Ein Nichts, das krepiert.
Eine Seele,
die all ihren Schmerz verbirgt.

Schwarze Sterne, weißer Himmel -
aufgehen wie die Sonne will ich.
Strahlen,
allein,
hell -
im großen Nichts.

Leid um Leid -
bis es sich ausglich.

VI

Ich habe Angst.

Die Feder in meiner Hand
nimmt eine leichte, tiefgebundene Farbe an -
und ich merke,
dass nun die Zeit gekommen ist,
an der ich den Gedanken des Selbstmordes
niederschreiben muss.

Es ist Zeit,
auch diesen Dämon in mir zu wecken
und - Gott bewahre -
ihn nicht dazu zu bringen, mich zu vernichten.

Lieber Mensch,
ich schreibe hier im dunklen Kämmerlein
und möchte mich dir öffnen -
und deswegen von der größten,
fleischgewordenen Bestie erzählen,
die meiner Seele großen Schaden anrichtet.

Nichts ist näher an mir
als Sucilias Körper
und ihr dauerhaftes Flüstern
bei jeder Tageszeit.

Doch nachts,
wenn die Sterne hoch stehen
und mich funkelnd anlächeln,
schreit diese Bestie in mein Ohr hinein
und lässt meinen Körper vor Schreck erstarren.

Um ehrlich zu sein:
Sie verbreitet sich wie ein Parasit in meinem Gehirn
und beißt zentimeterweise -
jedes Mal, bei jedem Schritt -
einen kleinen Teil meiner Vernunft ab.

Sie zeigt mir illusionierte Bilder,
die mir eines Todes
das Gefühl der Freude schenken.

Ich frage mich in solchen grausamen Nächten,
ob die anderen tiefen Seelen
diesen Gelüsten widerstehen können -
und vielleicht,
auch wenn es zu viel verlangt ist,
trotz dessen mutig
mit Blickrichtung Zukunft lächeln.

Es sind schmerzhafte Worte,
die meine Feder verlassen.
Denn ich habe diese beklemmenden Gedanken
nur in meiner kleinen, dunklen Welt gelassen.

Doch ich muss ausbluten,
sonst sterbe ich bald im Innern -
und das kann ich meiner lieblichen Seele nicht antun.

Auch trotz der Dämonen
liebe ich dieses kleine Lichtlein,
das im blauen Ozean meiner Seele schwimmt
und sich über Brot und Salz freut.

Und doch ist es wahrlich schwer,
der Verführung wie ein gezeichneter Fels
entgegenzustehen.

Ich wache mit dem Gedanken auf,
nicht aufwachen zu wollen.

Ich stehe auf
und blicke aus dem Fenster.

Ich erkenne Vögel,
die miteinander im Winde tanzen
und sich Lieder der Harmonie vorsingen,
um ihre Freiheit zu preisen.

Doch wenn ich kurz innehalte,
suchen mich Gedanken heim -
wie der Sprung aus dem Fenster
und der Aufprall auf harten Beton.

Dennoch versuche ich,
dem leisen Zwitschern zuzuhören.
Doch es vermischt sich mit den dunklen Tönen,
die dieser Dämon spielt.

Schlussendlich bleibt
ein hohler, schallender Raum,
der meine Ängste stundenlang widerhallt
und mir selten ein Zwitschern schenkt -
damit ich am Leben bleibe.

Denn ein verhungernder Mensch,
der gezielt ein wenig Nahrung bekommt,
verkommt am Ende nicht der Hungersnot,
sondern durch den Wunsch,
an diesem Brote zu ersticken.

So töte ich mich selbst nicht des Bösen wegen -
vielmehr dank der Hoffnung,
die mich an das Gute quälen lässt.

Es ist immer diese Art der Hoffnung,
die uns tötet.

In Gedanken
habe ich mich bereits mehrmals getötet -
und doch bringe ich es nicht fertig,
mein echtes Blut fließen zu lassen.

Wie oft muss ich mich in Gedanken niederstrecken,
damit mein realer Kopf rollt?

Sag, Mensch:
Ist es nicht eine Sünde,
sich in Gedanken zu töten?

Doch ich kann nicht anders.
Denn einmal der Gedanke im Kopf,
wird man ihn nicht mehr so schnell los.

Wie rote, kleine, verbissene Tierchen
beißen sie die Locken meiner Vernunft ab
und sehnen sich nach dem Fall,
der meiner Sehnsucht
den nötigen Geschmack von Freiheit gibt.

Ich fühle mich in diesen Nächten
wie ein herumstreifender Mensch,
der jegliches Gefühl,
das er einmal besaß,
an eine gewisse Taubheit verloren hat -
und nun mit einem riesigen Loch
durch die düsteren Straßen seiner Vergangenheit
wandert.

Besonders am Abend,
wenn ich mir meinen Mantel greife
und spazieren gehe,
spüre ich,
wie Sucilias verkümmerte Hände mir helfen,
mein letztes Kleidungsstück zu tragen.

Mir scheint,
als ob sie gezielt aussuchen würde,
in welchem Licht ich schwinde
und in welchem Winde ich vergehe.

So drehe ich mich um,
greife nach ihren Händen,
bedanke mich aus Ehrfurcht
und gehe still -
mit kräftigem Herzschlag -
aus der Tür hinaus.

Auch wenn ich nicht mehr
im Kämmerlein sitze,
verfolgt sie mich,
beißt mir ins Haar.

Sie ruft nach mir -
und die Klänge der Schienen
verwandeln sich in sanfte Melodien,
zu denen ich tanze.

Einmal -
und das verzeihe ich mir nie -
tanzte ich lang im Mondlicht
und spürte das kalte Eisen unter meinen Füßen.

Ich roch den dunklen Rauch,
der aus dem Zug stieg,
und zögerte die Tat
bis zur letzten Millisekunde hinaus.

Der Duft von Vanille überkam mich -
und ich fühlte mich seit einer Ewigkeit
wieder frei.

Als ob das,
was tief in meinem Herzen wohnte,
endlich Gehör fand -
und in und durch diesen Zug
vergehen wollte.

Welch trauriges Verlangen
mein Herz sich doch ausgesucht hat.
Welch verkümmertes, schiefes Licht
meine Seele sucht -
und nach welchem verteufelten Etwas
mein schwarzes Ich sich sehnt.

Ich bin nicht stolz
auf das,
was mein Herz sich verzweifelt wünscht.

Es ist wie eine Plage voller Kakerlaken.
Anfangs nur wenige,
die du mit einer Hand zählen kannst -
später Hunderte,
die du in einem Raum einsperrst -
und noch später
besitzen sie dein Haus.

Sie wohnen darin
und zerreißen dich
in tausend kleine Stücke,
sodass du dich nach einer Erlösung sehnst.

So geht es uns allen.
Der Eine besitzt die göttliche Güte,
nur wenige dieser Seelenräuber zu haben -
und der Andere wiederum
kann nicht einmal
durch sein, von Gott geschenktes, Fenster sehen.

Wir sind traurige Wesen
voller krabbelnder Tiere im Herzen -
die sich bei jedem Zweifel paaren
und sich von unserem Lichte ernähren.

So frage ich dich, Mensch:
Ist der Suizid eine Erlösung -
oder nur eine Flucht vor meinen Kakerlaken?

Auch wenn ich es wollen würde,
verkrampft mein Herz bei dem Gedanken,
im freien Fall
mit einem Lächeln
von dieser Welt zu gehen.

Denn ich habe keine Flügel,
um im letzten Moment,
wenn ich mich umentscheiden sollte,
den Klauen des Todes zu entkommen
und in ewiger Dankbarkeit
mein restliches Leben zu genießen.

Doch um zu wissen, ob es ein Genuss sein könnte,
müsste ich springen.

Andernfalls befinde ich mich
in der ewigen Schwebe der Ungewissheit
und muss mich mit dem Gedanken abfinden,
dass mein Leben eine Vergeudung ist.

Eine Vergeudung ohne Sinn -
Absurdität,
Verschwendung eines Geschenkes,
das der Allmächtige mir
ohne Nachzufragen gab.

Denn Leben ist Schmerz.
Und gewöhnst du dich daran,
dann scheint auch dieses Leben
ein Loch zu sein,
das unstillbar nach Gleichgültigkeit giert.

Oh Leben -
so verzehre mich mit allem, was du hast,
mit einer lachenden Gleichgültigkeit
und schiefen Zähnen,
um die Unwissenden abzuschrecken.

Es ist diese Unsicherheit,
die mich nachts nicht schlafen lässt:
Die Frage,
ob das Leben - wenn es endet -
im schwarzen Nichts vergeht
oder ob Gott strafend auf mich wartet.

Ich bin ein Ungeduldiger,
der mit verzogener Hochmut
wie Ikarus zur Sonne fliegt -
und mit brennenden Flügeln
auf den harten Beton der Tatsachen
niedergeschmettert wird.

Die Flügel der Unsicherheit
werden in jenem Moment vernichtet,
wenn ich ein scharfes Messer an mich nehme
und in mein Herz zustechen möchte.

Es ist eben diese Überheblichkeit -
zu glauben, ich könnte selbst über mein Leben
entscheiden -
die mich tatsächlich in den eigenen Tod führt.

Zu wissen, dass ich mich selbst zerstöre,
ist der erste Schritt in jenes Loch,
das ich mir selbst grabe -
und die eigentliche Tat
ist die Grabtür,
mit der ich mich von dieser Welt abschotte.

Und es wäre mir ein Leichtes, es zu tun.
Denn keiner würde nach mir fragen.
Keiner würde es merken.
Keinem würde es fehlen,
mich zu riechen.
Und erst recht keine Menschenseele
würde es vermissen lernen.

Ich glaube,
meine Grabrede wäre trostlos und leer.
Floskeln würden fallen,
wie:
„Er war ein Mensch, den diese Welt vermissen wird."

Spätestens hier
würde ich aus dem Grabe aufstehen
und dazwischenrufen:
Welt? Vermissen? Mich?

Wer ist diese „Welt",
von der der Unheilige da spricht?

Wie soll mich etwas vermissen,
das nie ein Interesse an mir hatte?
Wie kann mich etwas berühren,
das nicht einmal meine Existenz kennt?

Diese Welt hat sich nie
nach meinem Wohlbefinden erkundigt.
Sie hat nie gefragt,
weshalb ich nachts weine.

Sie hat nie die Tränen
von meinen verarmten Wangen gewischt
und nicht ihr Salz gekostet.

Das Einzige,
was diese Welt ins böse Licht rückt,
ist die Tatsache,
dass sie ein völliges Desinteresse
an unserem Leben hat.

Sie interessiert sich für nichts -
nicht einmal für sich selbst.

Denn wie könnte ein farbenfroher Grashalm
ein Gefühl von Interesse entwickeln,
wenn ihm jeglicher Sinn dafür fehlt,
was außerhalb dieser Welt besteht?

Wir sind nichts weiter als
lebende Ratten
in einem Kosmos der Gleichgültigkeit.

Eine Welt,
die uns weder Hoffnung,
noch Liebe,
noch Reichtum,
noch andere minderwertige Gefühle schenkt.

Wir sind verloren
in diesem unendlichen Kosmos der Zerstörung -
und beten jeden Abend
um die Vergebung Gottes
und um Frieden für unsere Familien.

Manch einer würde sagen,
dass die schneidenden Worte meinerseits
wie eine Art Gotteslästerung klingen.

Aber das ist keineswegs so.

Ich suche Gott –
mit spitzer Zunge.
Eine Zunge,
die für den unscharfen Verstand vieler
wie ein Dorn im Auge ist.

Gott zu finden heißt, Gott kritisieren zu lernen.
Denn aus der brennenden Asche der Kritik
wächst der Glaube an etwas,
was unbegreiflich überwältigend ist.

Doch auf dieser Suche irre ich täglich.
Ich entdecke tiefe, dunkle Stellen in meinem Körper,
die mir die Hoffnung nehmen,
an irgendetwas zu glauben.

Ich schaue mit vergrauten Augen in die Welt der
Menschen
und spüre den gewaltigen Schmerz in meiner Brust.

Ich sehe Menschen weinen.
Sterbende Kinder.
Blut an den Wänden unschuldiger Frauen.
Ich sehe dunkle Schatten in den Herzen vieler Männer
und die Gier, die in ihnen wohnt.

Ich sehe eine Welt,
die mich tief zerfleischt
und den Wahnsinn in meinem Kopf
mit glühendem Benzin in die Höhe treibt.

Mein Körper fängt in solchen Momenten an zu jucken
-

das unstillbare Verlangen,
alles aus mir herauszukratzen.

Das Jucken eines Verrückten,
der mit blinden Augen Gott sucht,
mit tauben Ohren nach der Liebe horcht
und ohne Sinn
die Schönheit verwehender Blütenblätter spürt.

Ich suche einen Funken Wahrheit
in den Sternen des Nachthimmels
und bekomme - außer Glanz -
nur eine kalte Stille als Antwort.

Wie könnte ich -
wie irgendein Mensch -
sich damit zufriedengeben,
in warmer Akzeptanz dieses Schicksal zu erdulden?

Wie soll ich mein ganzes Leben lang durchhalten,
wenn es keine Antworten gibt?

Gott -
könntest du mir nur einmal die Wahrheit sagen,
damit ich in Ruhe einschlafen kann
und diese Fragen
in einer hölzernen Kiste
verrotten lassen darf?

Doch schon bei dem Gedanken,
dass du mir diese Art von Güte schenken würdest,
brennen mir die Worte in der Kehle.

Denn Gott liebt das Leid.
Weil wir nur zu ihm rufen,
wenn wir seelisch flehend um Vergebung bitten.

Aber ich knie nicht nieder.
Ich stehe aufrecht vor dir
und bitte um Gnade -
für meine Arroganz
und meine Dummheit.

Ich bin schwach für Veränderung.
Und aus dieser Schwäche
entstand ein Mann,
der die Liebe als Feind,
den Freund als Verräter,
die Zuneigung als Gift
und die Sinnlichkeit als Messer sieht.

Erstochen werde ich bei jedem Schrei der Liebe
vom Freund,
der zuvor die Klinge trank
wie lächelndes Gift.

Also frage ich dich, Mensch:
Was ist schlimmer –
durch die Hand eines Freundes
oder durch die eigene Hand zu sterben?

Langsam überkommt mich das Gefühl,
dass sich Sucilia in dieser Nacht
in mein Seelenbett legt
und mich küssend empfängt.

Mit offenen, hässlichen Armen
will sie mich vergessen lassen,
wofür ich lebe.

Unter all den Dämonen,
die mir die Farben des Lebens nehmen,
bist ausschließlich du,
die mir die Schwärze schenkt,
nach der ich mich sehne.

Wirst du auf meinem Grabe tanzen?
Mit roten Trompeten über den Friedhof ziehen
und mein Todeslied singen?

Mit welchem Wort wirst du beginnen?
Wirst du dem Unheiligen,
der mich für einen Verlust hält,
den Kopf verdrehen?

Bin ich ein schlechter Mensch,
weil ich langsam der Lust nachgebe,
in deinen Armen zu vergehen?

Ich kann nicht mehr.
Mein Atem ist schwer geworden,
und die Nahrung, die du mir gibst,
sind Steine in meinem Rachen.

Ich kann sie nicht mehr schlucken, Sucilia.
Ich will nicht mehr sterben.

Wieso muss ich sterben?
Wieso willst du mich tot sehen?

Reicht dir das Leid nicht aus,
mit dem du mir täglich
die Sinne und den Verstand raubst?

Ich kann nicht mehr lächeln.
Nicht mehr sprechen.
Nicht mehr essen.
Nicht mehr einer Frau sagen, wie schön sie ist.

Warum ist das Leben so schwer geworden?
Wann hat es angefangen, grausam zu werden?

Warum ist das Glück,
nach dem ich strebe,
so weit oben?

Und warum sind die Schuhe, mit denen ich klettere,
so verdreckt -
und voller Löcher?

Warum bin ich im Innern so hässlich -
oder macht ihr mich so?

Warum fühlt sich deine Hand so warm an -
und warum küsse ich sie?

Warum erscheint mir
im Augenblick des Todes
der Wunsch nach Licht
und nach Harmonie?

Wann begann ich, mich zu verrücken?

Warum liebe ich den Schmerz,
der das kleine Häuschen in meinem Herzen zerstört,
das ich einst für meine Kinder bauen wollte?

Warum liebe ich den Geruch des Todes,
obwohl er schwer wiegt
und mit Verwesung grüßt?

Warum lächle ich mit tiefstem Hass in mir
und sage:
„Alles ist gut",

wenn mich Fremde nach meinem Wohlbefinden
fragen?

Warum nehme ich mein Dasein
als verödete Ratte im Käfig der Zeit wahr?

Und noch wichtiger:
Wo sind die anderen Ratten?

Bin ich das einzige Ungeziefer,
mit dem selbst Gott nicht spielt?

Was bin ich nur?

Warum denke ich so dunkel?
Warum bin ich so allein?

Warum spüre ich den Schmerz der Blätter,
wenn ich sie vom Baum reiße?

Und warum bitte ich den Baum
um Verzeihung?

Lieber Baum,
würdest du mir verzeihen?

Die Schönheit deiner Blätter zog mich an,
und mit ihr das Flüstern meiner Dämonen.

Ich zerstörte dich –
und mich selbst aus Mitleid.

Bin ich geboren worden,
um mit dem Leid dieser Welt unterzugehen?

Warum fürchte ich mich nicht mehr,
wenn das Dunkel mein Zimmer betritt
und meinen Namen ruft?

Warum schwitzen meine Hände?
Warum platzt mein Herz vor Aufregung?

Warum?
Warum will ich sterben, obwohl ich leben will?

Kalt ist's mir, wenn ich dich grüß.
Lächelnd empfängst du meine Angst.
Dein Handeln scharf,
deine Gefühle trüb -
hör mein Todeslied,
das du einst sangst:

Oh, lebe nicht -
was ist's dir noch wert?
Verarmt im Zimmer,
reich in der Seele.
Von keinem Freund geliebt,
keiner Frau begehrt.
Nimm das friedliche Gift,
das ich dir empfehle.

Nimm es aus meiner grauen Hand -
bunt wird es um dich sein.

Schluck es hinunter
wie schwarzen Sand,
betrink dich daran,
als wär's der schönste Wein.

Vergiss die Welt.
Was hat sie dir gegeben?
Nicht Gottes -
nimm Teufels Segen!
Nicht aus Vernunft,
des Trotzes wegen:
lass deinen Körper zur Klippe bewegen.
Heut Nacht,
werd ich mich in dein Sterbebett legen.

Doch mein Herz -
arm und voller Bange.
Ich will nicht
in des Todes Klauen gelangen,
weder des Bösen
noch seinen Segen empfangen -
lass über diesen Schuft
meinen Zorn entflammen!

Du tückisches Lied,
das mich in Wärme wiegt.
Du singst von Ruhe,
davon, dass *er* mich kriegt.

Doch ich bin Dunkelheit,
die sich nach Licht verzehrt -
und kein Licht,
das in der Dunkelheit vergeht.

In mir ist ein Licht,
das springt und winkt.
Tausende Sterne,
wenn das Leben gelingt.
Sie schauen mir zu,
wie ich den Schirm aufklappe,
und jag euch Dämonen
bis in die Baracke.

Ihr Dämonen der Nacht -
kein Schamgefühl zu finden!
Mit wahrem Blick
werd ich euch binden -
am höchsten Mast
in eurer Welt,
wo ihr um Vergebung
schreit und meine Seele erhellt.

Euren Teufel jag ich
mit scharfen Klingen,
laut und ohne Furcht
werd ich euer
Todeslied singen.

VII

Vater,
diese Zeilen sind der Versuch, jene Gefühle
auszudrücken, die du einst vernichten wolltest.
Die Uhr schlägt zwei Uhr nachts - und ich verspüre
den Drang, über dich und das Leid zu schreiben, das
du mir zugefügt hast.
Mehr noch: Ich möchte deinen törichten Versuch,
deinen eigenen Sohn - seine Ideale, sein Ich, sein
ganzes Fleisch - zu verzehren, in meiner Sanftheit
verarbeiten.

Ich bekomme trockene Tränen, wenn ich an den
Schmerz denke, den du mir im alleestillsten
Kämmerlein zugefügt hast.
Ich war dein Sohn -
und deine gierigen Augen wollten mich zerstören,
einfach nur,
weil ich etwas war,
was du nicht akzeptieren konntest:
eine Seele,
frei von Furcht und Vorurteil.

Gewiss wirst du diesen Worten keinen Glauben
schenken -
schlimmer noch:
Du wirst deine harten Ohren und blinden Augen
dem Genuss der Wahrheit entziehen.

Wenn ich meine Augen schließe
und versuche, das Gefühl aufzuwecken,
das seit Jahrzehnten in mir wohnt,
sehe ich dich:
als verarmten Riesen,
der meinen Körper zerfleischt.
Ein Monstrum,
das mit großen, gierigen Augen
nach meiner Seele gräbt.

Arm für Arm,
Bein für Bein
schlingst du mein unberührtes Fleisch
in deinen dunklen, unheilvollen Körper.

Suchst du nach meiner Seele, Vater?
Warum verzehrst du mich
bis auf das letzte Stück,
obwohl ich dein Sohn bin?

Du bist ein Ungeheuer
ohne Tugend
und ohne Moral.

Wenn ich es wage,
noch fester meine Augen zu schließen,
erkenne ich sogar deinen dunklen Mund,
der sich an meinen Arm klammert
und sich festzubeißen versucht.

Ich sehe keine Zähne -
weshalb du mit all deinem Hass drückst
und mich vernichten willst.

Ein schwarzes, dunkles,
seelenloses Loch,
das keine Liebe kennt.
Frisst du meinen liebevollen Körper,
um selbst Liebe zu spüren?

Ist deine Liebe das Fressen
zarter, lieblicher Körper,
weil du selbst
ein verhungerndes Wesen bist?

Ich blicke in deine Augen
und verstehe nicht,
warum du mich mit all deinen Kräften peinigst.
Du ziehst mit deinen Fingern
meinen Körper in zwei Teile
und genießt den Anblick meines Leides.

Ich verspüre ein unendlich großes Verlangen,
deiner Seele Mitleid zu schenken.
Du tust mir leid, Vater.

Wut, Hass, Trauer, Rache, Missgunst, tobende Rage -
all das wären wohl Reaktionen,
die du von mir erwartet hättest.
Aber ich kann dir selbst diesen Gefallen nicht
erwidern.

Denn im Grunde ist der Schmerz,
den du mir mit all deiner verkümmerten Kraft
zufügst,
ein kläglicher Schrei
nach Macht
und nach Besessenheit.

Du brennst innerlich
eine so große Flamme,
dass sie dich zwingt,
solche Gräueltaten zu begehen.

Du bist ein Parasit dieser Erde,
der die Liebe tiefer Seelen
aus ihren zarten Körpern heraussaugen will.

Nimm mein Blut, Vater.
Nimm alles.
Und ersticke daran -
an all der Liebe,
die in mir ist.

Tausendmal kannst du mich verzehren.
Tausendmal kannst du trinken.
Dieser Brunnen hat kein Ende
und schöpft seine Kraft
aus Gottes Licht.

Du hingegen bist ein verdursteter Schandfleck -
der große Schatten
eines noch größeren Lichts.

Eine tiefe Leere
sehe ich in deinen ängstlichen Augen.
Sag mir:
Wovor hast du Angst?

Wir haben nie wirklich geredet.
Nie hast du mir von deinen Träumen erzählt.
Ich weiß nichts über dich –
und du nichts über mich.

Meine Lieblingsfarbe ist grün.
Aber auch blau.
Ehrlich gesagt:
Ich mag alle Farben.

Ich habe Angst,
den Hass der restlichen Farben auf mich zu ziehen,
wenn ich mich auf eine festlegen würde.

Vielleicht bin ich ein Regenbogen,
denn ich habe viele Geschichten in mir.
Sie vereinen sich,
hassen sich,
lieben sich,
stoßen sich ab
und finden wieder zueinander.

Ich meine:
Was ist ein Mensch ohne seine Farben,
die sein Leben schreiben?

Ich habe viel mit Schwarz geschrieben.
In meinen jungen Jahren.
Damals,
als wir noch sprachen.

Schwarz habe ich gegessen,
Schwarz habe ich geschlafen,
Schwarz habe ich geduscht -
und am schlimmsten,
und am schwärzesten
habe ich gelebt.

Ich versuchte, im Kosmos meine Seele zu entdecken,
indem ich die kleinen Sterne meiner noch
unberührten Seele bereiste.
Aus Schatten wurde Licht,
und dieses Licht strahlte auf mein bekümmertes Herz,
welches schluchzend zu weinen begann.

In diesem Moment war mir deine Pein bewusst
und zugleich die Schönheit dieser Welt,
die dir den Rücken kehrte.

Mir wurde eine Tür geöffnet,
die du mit deinen mageren Händen niemals öffnen
konntest.

Wie sehr musst du mich gehasst haben,
weil ich ein Lichtlein dieser Welt war -
und du nur der große Schatten,
geformt aus zerbrochenen Träumen
und Reuetaten eines einst sorglosen Kindes.

Ich wäre gerne im Kindesalter an deiner Seite
gewesen,
um dir in deinen tiefsten Stunden Trost zu schenken.
Denn du musstest bestimmt einsam gewesen sein.

Ich erkenne einsame Seelen -
und du besitzt eine der einsamsten,
die ich je erblicken durfte.

Ich verspüre ein tiefes Mitgefühl für den Schmerz
deines Lebens
und verurteile dich zugleich für den Schmerz,
den du anderen Menschen bereitet hast.

Ich vergesse nicht.
Und ich vergebe nur mir -
weil ich dich so lange ertragen musste.

Mir schmerzt es in den Fingern,
wenn ich an jene Momente denke,
in denen du in mein Zimmer kamst
und mich mit einem Lachen an meinem Körper
geschändet hast.

Ich spüre deine verurteilenden Hände noch immer
an meinem vernarbten Körper.
Ich spüre noch immer deine wütenden Hiebe,
die du mir ohne jede Liebe zufügtest.

Warum warst du so herzlos, Vater?
Besitzt du überhaupt so etwas wie Herz - oder
Gefühl?

In all den Stunden, Tagen, Wochen, Jahren
hattest du kein Gefühl von Schuld -
kein Mitleid.

Sag, Vater:
Wie konntest du mich nur wie eine seelenlose Puppe
körperlich missbrauchen
und in den jungen Jahren meines Lebens mit Hass
ernähren?

Ich war schuldlos -
und du hast es gewagt,
eines von Gottes Kindern
mit deinen dämonischen Händen zu beschmutzen.

Die Sterne meiner Seele trösteten mich
in den dunkelsten Sekunden.
Es sind jene Sekunden,
so finster,
dass sie deine Seele verführen,
in der Finsternis zu verharren.

Diese Sekunden erlauben keinen Schmerz mehr -
sie schenken deinem Sein Unkenntlichkeit.
Doch dieses Geschenk ist nur die Illusion eines
Weges,
der sich eben nur im schwärzesten Moment offenbart.

So trügerisch sie auch sind -
diese Sekunden rufen noch heute meinen Namen
und bewerfen mich mit allen schwarzen Zeigern,
die je existierten.

Sag mir, Vater:
Wie konntest du nur deinem eigenen Fleisch und Blut
so etwas antun?
Schämst du dich nicht?

Doch wie solltest du dich heute schämen können,
wenn du es in jenen Momenten nicht getan hast?

Du bist die Sünde aller Sünden.
Deine Existenz ist so parasitär,
wie es sich alle Parasiten nur wünschen könnten.

Du saugst das meiste Blut,
frisst das meiste Fleisch,
denkst am wenigsten nach
und bist der Inbegriff der Ignoranz.

Du alter, seelenloser Greis,
der keine Liebe kennt –
du dringst noch heute in mein Leben ein,
weshalb ich so lange an dir zu kauen habe.

Ich denke in solchen Momenten an mein Zimmer:
den Ort deines Aktes –
eine zeugenlose Bühne.

Ich sehe mein Blut an den bröckelnden Wänden
und meine Handabdrücke,
die vergeblich nach Hilfe schrien.

Ohne jede Regung hast du mich
in diesem kalten Zimmer eingesperrt.

Ich schrie so oft deinen Namen -
doch du hast mich allein
und in aller Dunkelheit gelassen.

Ein Bett besaß ich nicht.
Ich schlief auf dem kalten Boden -
kaum kälter als deine Seele selbst.

Stets in der linken Ecke des Zimmers
lag ich mit meinen offenen Wunden.
Ich wärmte mich an der Sehnsucht nach Freiheit
und an der bitteren Erkenntnis,
dass du diese Welt eher verlassen würdest als ich.

Die Wände waren schwarz -
vergeblich versuchte ich, mit Farben zu malen.
Noch vergeblicher war der Versuch, dabei zu lächeln.

Ich wartete
in diesem kalten,
von Gott verlassenen Zimmer
auf meine Pein.

Du kamst mal nachts, mal tagsüber,
jedes Mal alkoholisiert und ohne Liebe.
Du strecktest die Hand aus,
sahst mich an
und fragtest mit trockener Stimme,
ob ich den Gürtel oder den Stock wählen wolle.

Und jedes Mal erwiderte ich,
dass selbst der härteste Stock mir nichts anhaben
könne.
Dann schlugst du so lange auf mich ein, bis er
zerbrach -
und am nächsten Tag kamst du mit einem dickeren
zurück.

Die Erinnerung an mein Zimmer schmerzt mich.
Doch eines gab mir Hoffnung:
Die Hoffnung, dass ich all das überstehen würde.
Und wie ein Vogel aus diesem grauen Gefängnis
fliehen könnte.

Diesen Frieden schenkte mir eine kleine, warme
Sonnenblume,
die in der letzten Ecke aus dem Boden spross
und leise meinen Namen rief.

Ich begann augenblicklich zu weinen
und beschützte fortan meine Lebensblume.
Ich warf jedes Mal mein Oberteil auf sie,
wenn ich auch nur den leisesten Schritt meines
Peinigers hörte.

Die Schläge taten nun noch mehr weh,
weil seine Waffe kompromisslos meinen nackten
Körper traf.
Doch eines änderte sich:
Ich wollte leben.

Ich wollte für meine Blume leben.

In dieser Not half mir ein zerbrechliches Pflänzchen,
mein Schicksal zu ertragen
und schenkte mir Kraft, weiterzuleben.

Und so fragte ich mich in dieser verirrten Dunkelheit:
Wenn mir eine einzelne Blüte
die Kraft zur Unsterblichkeit gibt -
was vermag dann eine ganze Wiese voller
Sonnenblumen?

Es sind eben jene Nächte, Vater,
die mir keine Ruhe lassen.

Denn tief in mir glaube ich,
dass wir, hätten wir uns als Freunde kennengelernt,
vielleicht miteinander hätten reden können.
Und du -
wärst womöglich ein angenehmer Gesprächspartner
gewesen.

Du würdest mir von deinen Ängsten erzählen -
oder vielleicht noch Wesentlicheres:
von deinen weitesten Träumen
und deinen liebsten Geschichten.

Du hättest mich mit reiner Liebe angesehen,
mir zugelächelt
und dabei gleichzeitig zum Himmel geschaut -
und so etwas Poetisches gesagt wie:
„Glaubst du, unsere Seelen werden wiedergeboren?“

Du wärst mir ein teurer Freund gewesen -
vielleicht sogar der teuerste von allen.
Denn, Vater, ich habe nicht viele.

Ich hätte mir so sehr gewünscht,
dass deine Liebe mein Herz mit Hoffnung gefüllt
hätte.
Ich hätte meinen Kindern von deinem fantastischen
Leben erzählt,
und wenn sie in deinen Armen gelegen hätten,
wäre ich vor Stolz in Tränen ausgebrochen.

Doch leider ist diese Welt eine verkehrte Illusion,
die sich von meinen zerbrochenen Hoffnungen
ernährt.

Aber ich muss weitergehen.
Auch mit gebrochenen Beinen.
Mir bleibt nichts anderes übrig, Vater.

Ich will weitergehen
und nicht im Schatten deiner ewigen Pein verweilen.

Der Schmerz, den du mir hinterlassen hast,
spricht noch heute zu mir
und versucht, das Schlimmste meines Wesens
hervorzurufen.

Ich hätte niemals gedacht,
dass jeder Schlag, den du meinem Körper zugefügt
hast,
auch meine Seele für immer gezeichnet hat.

In solchen Stunden erstarrt mein Körper,
und ich fühle mich wie ein Schatten,
der im vergangenen Zimmer zurückblieb.

Ich denke dann daran,
mich wieder in diese kalte Ecke zu setzen
und dort zu verharren.

Doch ich werde nicht aufgeben.

Mein Verweilen wäre nur von kurzer Dauer -
und nur deiner Anwesenheit geschuldet.

Denn dieses Mal -
ja, dieses eine Mal -
werde ich zurückschlagen.

Dieses Mal habe ich die Kraft.
Dieses Mal habe ich keine Angst.
Dieses Mal -
werde ich meinen Kopf erheben
und dich überwinden.

Vater,
du hast tiefe Narben hinterlassen,
die an manchen Tagen aufreißen
und nächtelang bluten.

Selbst wenn ich wollte -
ich würde kein Pflaster der Welt finden,
das dieses elende Bluten je stillen könnte.

Manchmal blute ich in allen Farben -
doch meist in Schwarz.
Jene Farbe,
die du mir hinterlassen hast.

Besonders bei Schwarz
verhärtet sich meine Brust,
und ich bekomme keine Luft.

Das ist das letzte Mal,
dass ich mich dir in Schwäche zeige.
Ich gebe dich hiermit endgültig auf.

Vergieße in der braunen Erde
und lass mich dich deinem Wert entsprechend
verabschieden.

Du - leise Schritte die Treppe hinauf.
Ich - leere Stunden im Zimmer verbannt.
Wir - zwei Fremde mit gleichem Blut.
Mich - mit deinen brutalen Händen schlugst du.

Mein Körper zitternd, tagelang.
Deine Hand verbarg die Nervosität.
Versteckt wartete ich auf dich.
Auf deinem Thron verschlangst du mich.

Nacht für Nacht, Narbe für Narbe.
Tag für Tag grub ich mein Seelengrab.
Nichts blieb mir - weder Liebe noch Freude.
Du hast alles genommen, selbst meine Träume
gestohlen.

Oh Gier, oh Vater - welch Schrecken dein Leben.
Oh Schmerz, oh Ich - wann wird Erlösung mir
gegeben?
Oh Himmel, oh Gott - wann holst du mich zu dir?
Oh Dämon, oh Böses - wachse, mein innewohnendes
Tier.

Wann ist Schluss? Wann darf ich gehen?
Wann kann ich deine Liebe sehen?
Wann wirst du mir Freude geben?
Wann begannst du, so zu leben?

Oh Vater, mein letzter Wille:
Dich loszulassen - mit Gebrüll.

Aus meinem Kokon fliege ich,
bunte Farben - in Gottes Hände trieb ich.

Ich wünschte, ich wäre stark -
stark genug, dich zu verlassen.
Dieses Zimmer zu verbrennen,
hinaus - und für immer wegrennen.

Ich bin ich - das ist mein Leben.
Du bist nur noch eine Erinnerung.
Ich werde wachsen
und all das überwinden.

Ich bin ich -
und ich werde es schaffen,
diesen einen Sprung.

VIII

Lieber Mensch,
kennst du das Gefühl des brennenden Schwertes,
das ohne Vorahnung in deinen Leib bunte Narben
zeichnet
und dich in die Knie zwingt,
sodass diese Farben in ein verblasstes Schwarz
überlaufen?

Nun, werter Seelenfreund -
dieses Schwert heißt Nostalgia.

Welch farbige Nächte hast du mir gezeigt
und - samt all der Freude, die ich einst empfand -
in ein dunkles Loch ohne Boden geworfen.

Oh Nostalgia - du Dämon ohne Gesicht.
Deinem Blute bin ich unterwürfig,
denn es lässt mich Dinge trinken,
die meinem Kummer einen Abschied schenken -
jedoch nur für eine Zeit,
die deinem Willen entspricht.

So schneidest du mir die Hoffnung meiner Träume
gerade dann, wenn ich anfange zu lächeln -
und schlimmer noch:
in Zeiten, in denen ich beginne zu vergessen.

Diese Wunden der Trauer
fließen unaufhörlich aus meinem Leibe,
und ich verhungere an meinen Wünschen
nach Liebe und Genuss.

In der Schwärze des Himmels erkenne ich weder dein
Gesicht
noch das der Vergangenheit -
die sich wie eine vermooste Kiste
im kleinen Kämmerlein meines Kopfes versteckt.

Zu gern würde ich dir in die Augen sehen
und sie auf ewig in meinem Herzen tragen,
um die Zeiten meiner Unkenntlichkeit
einzuschließen.

Bitterer Rauch und tanzende Flammen besuchen
mich in dieser Nacht,
denn ich schwelge in Erinnerungen,
die mir den trockenen Becher der Liebe überreichen -
nur um zuzusehen,
wie ich durch meine eigene Unfähigkeit zugrunde
gehe.

Oh Nostalgia,
meine Hände zittern bei dem Gedanken
an die Hassfreude, die du mir in dieser Nacht
schenkst.
Die Art, wie du deinen Kopf zur Seite neigst
und mich ohne Augen ansiehst -
sie gibt mir jenes kindliche Gefühl zurück,
das meine Schwäche und Machtlosigkeit offenbart.

Du bist jener Dämon,
vor dem ich nicht fliehen will.
Denn ich vergehe in der Vergangenheit -
in jener Zeit,
in der ich das Leben noch ohne euch Bestien bestritt
und so etwas wie Freude empfand.

Werde eins mit meiner Seele,
sodass ich als Gesichtsloser,
gefühllos in die trockene Zukunft meines Lebens
wandeln kann.

Ich möchte niemanden mehr sehen -
geschweige denn fühlen.
Wie könnte ich bereit sein,
meinen Seelenkern in die Liebe zu werfen,
wenn eben diese Liebe
der Grund meines Untergangs war?

So dreh nun dein Rad der Verzweiflung, Nostalgia,
und wirf mich zurück in die Zeit meiner ersten Liebe.
Verköstige dich an dem Schmerz,
der mich zu dem machte,
der heute diese weiße, unschuldige Feder schwenkt.

Die Luft war warm,
und der Weg, auf dem ich sie immer traf,
hatte dieselbe bräunliche Färbung wie an unserem
letzten Tag.
Wir begegneten uns oft an abgelegenen,
doch naturverbundenen Orten.

Der Platz, an dem ich sie sah,
lag an einem stillen, verlassenen See.
Dort war so viel Farbe zu sehen -
und noch mehr zu riechen.
Da der Boden oft feucht und schmutzig war,
nahm ich eine Decke mit,
die Vater für seine Ausrüstung benutzte.
Natürlich wusste er nicht,
dass ich sie ihm heimlich entwendet hatte.
Die Rechnung dafür
bekam ich Wochen später -
in Form seiner Hand zu spüren.

Doch dieser Schmerz
war nicht vergleichbar mit dem,
was ich ihretwegen empfand.

Ich sehe noch die grünen Büsche
und die Apfelbäume,
wie sie mir zulächelten,
als ich an ihnen vorbeiging.

Unser Platz war versteckt -
zwischen zwei dichten Sträuchern,
unter einem alten Baum.
Dort breitete ich die Decke aus.

Über uns hauste ein Vogel,
der seine Küken fütterte.
Sein Ruf war eine kleine Melodie,
die mir seither nicht mehr aus dem Kopf geht.

Immer zur selben Zeit,
mit demselben Brot,
demselben Getränk,
lagen wir dort
und sprachen über die Liebe
und den Schmerz dieser Welt.

Ich begann zu verstehen,
was es heißt,
die süße Frucht der Liebe zu kosten -
und zugleich ihre Zerbrechlichkeit zu erkennen.

Ich erkannte in ihren Augen die Sterne,
nach denen ich allein
in meinem Zimmereck griff.
Wie könnte ich dieses Universum je vergessen -
diese Farben, die miteinander spielten
und sich im selben Moment voneinander abwandten?

Ich erzählte ihr von meinem Schmerz,
von den kalten Peinigungen meines Vaters.
Von meinen Ängsten,
wenn ich wie gelähmt in meinem Zimmer lag
und die tägliche Folter erduldete.

Von meiner Sonnenblume,
die mir Hoffnung schenkte,
und den süßen Träumen,
die ich ihretwegen empfing.

Sie wusste, wie viel sie mir bedeutete.
Und so leicht, wie ich in den Wolken flog -
so hart hat sie mich zu Boden gerissen.

Denn Liebe ist weder käuflich
noch erzwingbar.
Sie wird einem gegeben,
ohne zu fragen,
und erfüllt die Seele
mit dem unvergleichlichen Äther dieser Welt.

Kein Gefühl ist schlimmer,
keines lässt dich elender
in den Flammen des Hasses vergehen
als die brennende Abweisung deiner Liebe.

Ich spüre die schwarzen Flammen in meinem Herzen,
wenn mir Nostalgia diesen leeren Platz zeigt -
jenen Ort,
an dem ich mich zu meiner Liebe bekannte
und auf ihre Frage,
warum ich so zitterte,
mit leiser Stimme sagte:

„Weil ich dich liebe. Das wollte ich dir sagen.“

Darauf schwiegst du -
lauter als tausend Sonnen.

Und zum ersten Mal in meinem Leben
spürte ich einen tiefen Riss in meiner Seele.

Ich fühlte, wie sich etwas in mir zurückzog,
sich einrollte wie ein Kind,
das voller Angst und Kummer
den Körper krümmt,
die Knie anzieht
und die Schultern zum Kopf bringt.

Etwas geschah in mir -
und es war die Geburt jenes Schmerzes,
der seither in meinem Herzen brennt.

Deine Antwort war laut,
doch mein Schmerz war unüberhörbar.

Die Wellen schlugen auf
und brannten Städte nieder.

Das war der Anfang meines Untergangs.

Seitdem fürchte ich,
dir je wieder zu begegnen -
aus Angst,
deinem Haar nur einen Blick zuzuwerfen,
der mich erneut in die Arme von Sucilia treibt.

Nostalgia,
schenke mir deine scheinlosen Augen
in einem Akt der Güte -
im Tausch gegen diese zerrissene Seele.

Doch auch du schweigst.
Du kannst nicht sprechen
mit deinem gesichtslosen Wesen.
Und du hörst meine stumpfen Worte nicht,
die wie Kugeln
an kalten Wänden abprallen.

Die Liebe,
mein werter Seelenfreund,
ist tückisch.

Im ersten Moment
schenkt sie dir ein unsterblich göttliches Gefühl –
doch schon im nächsten Atemzug
wird sie zur Bestie,
die deinen Körper aushöhlt,
mit spitzer Zunge
nach deinem Seelenkern sucht
und ihn –
wie einen Diamanten –
verspeist.

Tragischerweise
wurden in mir rote, dämonische Augen geboren,
die seither einen endlosen Schmerz entfachen.
Ich habe mich dem Hass nicht widersetzt –
und bin ein armer, verkümmerter Mann geworden,
der seine vergangene Liebe
als so wahr,
so klar empfand.

Doch sie war nichts weiter
als der Hilfeschrei
eines kleinen, erbärmlichen Jungen,
der hoffte,
dass eben dieses Mädchen
die Rettung aus den schwarzen Händen seines Vaters
sei.

War ich es dir nicht wert, gerettet zu werden?
Hast du mich überhaupt je geliebt?

Es sind diese Fragen,
die mich in all den Nächten heimsuchen
und den brennenden Pfeil
in den Kopf meines Herzens treiben.

Zum ersten Mal
küsste ich die Stirn des Hasses
und verliebte mich
in die Hand des Weltschmerzes.

Nichts hat mich seither mehr losgelassen.
Der Hass wurde mein Vater,
die Wut meine Mutter,
und der endlose Wille, alles zu zerstören -
das Kind,
das ich nie hatte.

Sie waren -
und sind noch heute -
meine treuen Begleiter,
die mich zerreißen.

Viel ist nicht mehr von mir übrig.
Denn ich habe meine Seele
zu oft eingetauscht -
und nun wohnen Dämonen in mir,
die vor Freude
mein Seelenhaus
in Schutt und Asche legen.

Insomnia
verbrennt meine weißen Dächer.
Nostalgia
frisst das Mahl auf meinem Tische,
das einst für meine Freunde gedacht war.

Melancholia
wirft mir verführerische Blicke zu
und schreibt mit schwarzer Tinte
an meinen unschuldigen grauen Wänden.
Im Zuge ihrer Tat ruft sie die Einsamkeit meiner Seele
und frisst sie vor meinen Augen auf,
um schließlich -
als gleichgültiges Wesen -
in ihrer Fantasie zu verenden.

Alle warten.
Alle starren auf meinen ewigen Stundenzeiger.
Denn der Hauptgast ist nicht da.

Sucilia,
der Dämon des einmaligen Tanzes,
ersehnt sich nach meinem Leben
und meiner verlorenen Seele.

Der Ruf des Teufels eilt ihr voraus -
sie sammelt Seelen
als Festmahl für ihr nutzloses Dasein.

Ganz langsam,
fast lautlos,
schleicht sie sich an mein Bett
und klopft dreimal -
unterschiedlich stark.

Mit dem ersten Klopfen
will sie mich erschrecken.
Reiße ich meine Augen auf,
versucht sie,
durch diesen Spalt
in meine Gedanken zu dringen.

Lieber Seelenfreund,
ist sie einmal drin,
bekommst du ihre Gelüste
niemals wieder aus dir.

Zu stark ist das Verlangen,
ihren Lippen zu folgen
und deine Seele
im blutigen Ozean des Teufels zu baden.

Mit kaltem Blick
schaue ich in die Vergangenheit
und muss an dein Gesicht der Abweisung denken.

Ich habe seitdem
keine Person mehr lieben können -
geschweige denn,
jemanden in meiner kleinen Welt
tanzen lassen.

Zu schwer wiegt die Enttäuschung,
zu schmerzhaft die Angst
vor einer erneuten Abweisung.

Ich hatte so sehr gehofft,
dass du mich retten würdest.
Deine weichen Lippen
lösten mich aus den Fängen meines Vaters -
doch wirklich frei konnte ich nie sein.

Wirklich lieben
hätte ich wohl nie gekonnt,
und dich zu lieben
war vielleicht nur ein Versuch,
eine Hoffnung -
doch keine Wirklichkeit.

Aber ich hatte es gefühlt.
Als du gegangen bist,
nahmst du all meine Liebe mit
und hinterließest
eine lange, kalte Spur des Hasses.
Eine Spur,
die sich im Kreis dreht
und die ich seit über zehn Jahren
zu Tode stampfe.

Damals wünschte ich mir nichts sehnlicher,
als deine zarten Finger zu berühren,
dir in die Augen zu sehen,
und mit den einst bunten Farben
ein Haus voller Liebe zu bauen.

Doch dieses Haus
ist nun von wütenden Dämonen besetzt -
meine einzigen Begleiter,
die sich am Feuer meiner Seele wärmen.

Wie ein kaltes Lagerfeuer
am Rande meines Inneren
kommen sie,
erkälten sich
an der Schönheit
der vom Feuer ausgehenden Schneeflocken.

Sie nehmen mich nur aus einem Grund in den Arm:
um sich zu ernähren.

So frage ich mich:
Ist Liebe wirklich gut?
Ist sie es wert,
dass ich bis heute brenne,
nur weil ich einst liebte?

Der Blick in mein vergangenes Selbst
füllt mein Herz
mit einer zärtlichen Melancholie.

Das Verlangen,
dort zu verweilen,
wächst mit jedem Atemzug.

Ich war ein Menschenfreund.
Ich flog auf den inneren Wünschen der Kinder,
zählte stundenlang die Sterne
und bewunderte Tiere,
wie sie ums Dasein rangen.

Ich zupfte
die Saiten der Freude,
die eine klangvolle, leuchtende Melodie spielten.
Die Luft war warm,
von der Röte des Sonnenuntergangs geküsst.
In solchen Momenten
fühlte ich das Funkeln Gottes
ganz nah in meinem Körper.

Ich wollte
von den höchsten Türmen springen,
aus klaren Bächen trinken
und die Farben der Leidenschaft an mich reißen.

Der Wille,
in diese Zeit zurückzukehren
und in einem endlosen, komatösen Schlaf zu
verweilen,
erfüllt mich mit bittersüßer Aufregung.
Ich solle gehen,
um zu bleiben.

Das ist die Erkenntnis meiner Reise -
wenn ich zurückblicke
und in meinem stillen Kämmerlein
die unvergessene Feder schwinge.

Ich solle
im Vergangenen
meine Seele zur Ruhe bringen.
Doch wie konnte ich das wagen?
Wie würde der Sprung
in die freudlose Unkenntlichkeit geschehen?

Zumal -
was wäre mein Leben noch wert,
wenn Körper und Geist
im endlosen Strudel
des Vergangenen und Unveränderbaren
verblieben?

Womöglich
ist die Erkenntnis dessen, wer ich einst war,
erträglicher
als meine schandhafte Gegenwart -
und süßer
als die dunkle Zukunft,
die mir,
mit ihren schweren Wolken,
den Blick zum Himmel verweigert.

So spüre ich
die kalte Präsenz von Nostalgia
und erkenne mit einem halben Blick,
dass ich wie ein schwebender Leichnam
in ihren Armen gefangen bin.

Die bunten Fäden der Erinnerung
fesseln meine Arme und Beine,
sodass ich mich
nicht mehr rühren kann.

Mein Atem wird flach,
und eine unermessliche Müdigkeit
sickert durch meine Glieder.
Eine fremde,
unwirklich warme Strömung
durchfließt meinen Körper.

Fühlt sich so Sterben an?
Nein.
Nicht heute.

Du trügerisch warmer Dämon -
du bekommst mich nicht.
Keiner von euch.
Nicht heute.
Nicht morgen.

Ich zerbeiße deine Fäden
und reiße sie blutig aus meinem Fleisch.
Ich darf nicht.

Ich kann nicht.
Nicht heute.

Ich muss leben.
Leben.
Leben.
Leben.

Hört ihr mich?
Ihr schandhaften Dämonen -
ich will leben.
Zumindest noch ein wenig.

Der Weg,
der mich in die Arme der Nostalgie führt,
ist ein schleichender Tod -
einer, der mich ohne Verstand
verzweifeln lässt.

Doch wenn ich ihn gehen sollte,
dann mit vollem Seelenleib
und in tiefer Erkenntnis meiner Tat.
Ich will Gott und Teufel
nicht ahnungslos gegenübertreten.
Sie sollen wissen,
dass ich es war -
der von der trauergeliebten Hand
eigenhändig gefallen ist.

So blicke ich in dein Wesen,
du Dämon der weichen Wiege,
und sperre dich

in den Kerker meiner Seele.
Bewusst
öffne ich mein innerstes Auge
und lasse auch diesen Dämon
in mein Ich hinein.

Wenn ich untergehe,
dann nehme ich euch alle mit.
Im ewigen, brennenden Ozean
des Vergessens und Vergebens
werden wir verweilen.

Hand in Hand
werden wir uns versöhnen
und nach dem wahren Sinn
meines Seins suchen -
auch wenn das bedeuten mag,
dass Höllenflammen meine Seele heimsuchen
und ich zusehen muss,
wie mein Ich
langsam vergeht.

Ich will -
in dieser Nacht -
noch einmal
die Weite des Himmels sehen.
Ich will
die Sterne einatmen
und den kosmischen Rauch
bunt riechen.

So öffne ich meine Arme
in diese nebelige Nacht
und schreie,
tief aus dem Herzen,
nach Vergebung.

Und während ich schreie,
fließen süße Tränen
meine Wangen hinab
und trösten mich
mit ihrem Geschmack.

Wie kann etwas,
das aus mir selbst kommt,
noch gut sein?

Die Verdorbenheit
steht mir tief ins Fleisch geschrieben
und zeichnet
Schnitt um Schnitt
in meinen Leib.

Wieso kämpfe ich noch,
obwohl so vieles in mir
dunkel und vergraut ist?
Warum willst du mich siegen sehen, Gott?

Und noch ein Stück -
ein kleines Stück mehr.
Ich will
den ganzen Horizont umarmen.

Ich will
noch einmal tief einatmen
und das restliche Leben
in mir spüren.

Ich will
nicht im Nebel
unscheinbar vergehen,
sondern bunt und still,
liebend und ohne Hass
verweilen -
im Boden Gottes,
ohne Scham,
ohne Feindseligkeit.

In dieser Nacht
will ich mir verzeihen.
Dafür,
dass ich sie
zu lange in meinem Herzen trug.
Dafür,
dass ich dich
nicht loslassen konnte
und noch heute
von deinen Augen und deinem Haar träume.

Denn wenn ich vergehe,
dann will ich sie
nicht an meiner Seite wissen.
Ich gehe allein,
im unkenntlichen, brennenden Sein.

Das bin ich mir selbst schuldig.
Auch wenn der Gedanke,
meine tobenden, rasenden Dämonen
auf sie zu hetzen,
verlockend ist.

Doch das ist nicht ihr Krieg,
zu dem ich sie einlade.
Und nach all den Jahren
haben sich meine Augen verändert.
Ich könnte
die Liebe,
die ich einst für sie empfand,
nicht mehr wahrnehmen.
Eine Eiseskälte
hat sich um mein Herz gelegt,
die keine Zuneigung mehr aufwärmen kann.

Darum vergehe ich im Äther,
der meine Seele
in der kosmischen Wiege
schlafen legt.

Oh Welt –
im Regen tanze ich ein Feuermeer,
schwimme darin, die Seele leer.
Fremde stehen außen, staunen,
versuchen vergeblich, mich zu deuten,
am Winde zu glauben.

Sprung um Sprung greife ich nach Fäden –
Nostalgias: bunt und seiden.

Mit Verstand und geschlossenen Augen
taste ich nach ihnen.
Noch geschlossener –
als sie mich am Arm packt.

Ich will mich losreißen –
doch ihre Fäden sind stark.
Ohne Gesicht
blickt sie mich an
und erwürgt mich sacht.

Ich ringe nach Luft,
taste nach Sinn.
Mir wird warm,
wenn ich vergesse, wer ich bin.

Blutrot laufen meine Augen über –
ich verbiete mir, zu vergehen.
Greife Nostalgia am Hals,
beiße mit Wucht.
Ich spüre meinen Hass,
schleudere sie
in die Schlucht meiner Seele.

Kein Vergnügen steigt empor,
nur Stille –
und ein weiterer Pakt ist geschrieben:
Kampf ums Überleben.
Ein weiteres Stück meiner Seele
ist genommen.

So frage ich dich,
werter Seelenfreund:
Was ist Liebe?
Und handle ich hell -
oder bin ich längst verwelkt?

Was bin ich heute,
in dieser Nacht?

Ein Wesen ohne Gefühl,
verlacht,
beraubt von allem Licht.
Ein Fischer in einer Pfütze,
scheiternd,
voller Hass begeh ich Tier und Mensch -
geboren
und diesen Tag
seitdem bereut.

Ich will nicht mehr lang.
Der schwarze Schlaf
ruft meinen Namen.
Sucilias Gelüste -
verfalle ich,
werd ich's wagen?

Werde ich sie spüren -
die Schärfe
ihrer tiefen Krallen?

Noch einmal -
zeig mir den Ort.

Den Apfelbaum,
der mich einst begrüßte.
Der Liebe verhieß,
der ich nicht genügte.

Noch einmal
will ich dort liegen.
Ich brauche Zeit.
Ich brauche Rast.

Ich will die Farbe
ein letztes Mal küssen,
mich von ihren Augen verabschieden.
Vergehen -
und sie fest in meine Arme drücken.

Sag:
Und ohne Schau -
könnte ich noch einmal lieben?

IX

Wenn ich meine Augen schließe und an die Sterne
denke,
dann erscheint mir der ungeheuer große Blauwal,
der sich im tiefschwarzen Ozean des Weltalls
ausbreitet
und mich mit einem sehnsüchtigen Luftstoß begrüßt.

In jener Nacht
wanderte ich durch leere Straßen,
auf der Suche nach einem Stück Frieden,
das ich in mir nicht fand.

Erstaunlicherweise denke ich seither
unaufhörlich an diesen Wal
und an seine Furchen,
die mich fast wie ein altes Lächeln begrüßten.

Sie bestanden aus langen, dichten Wolkenstreifen,
die sich spielerisch berührten -
fast so, als würden sie miteinander flüstern.
Sein Auge war riesig,
und ein schleichendes Gefühl überkam mich:
dass dieses Auge nach meiner Seele suchte -
als hätte dieses Sternwesen
seit Anbeginn seiner Existenz
auf diesen Moment gewartet,
mich zu sehen,
zu dieser Stunde,
auf dieser kalten Straße.

Warum war dein Auge so traurig, lieber Freund?
Ich konnte deine Falten sehen,
und den Schmerz,
der wie blaues, aber erträgliches Feuer
in deinem Herzen brannte.

Deine Flammen waren von einer dunklen Fläche
bedeckt –
sie hinderte dich daran,
die Farben deiner wahren Natur preiszugeben.

Deine majestätische Flosse umschloss
eine Vielzahl von Sternen,
die sich bewegungslos
deiner Pracht hingaben
und in ehrfürchtiger Stille niederknieten.

Während ich diese Zeilen schreibe,
sehe ich dein unverkennbares Wesen
vor meinem inneren Auge
still durch den Raum gleiten.
Ein schmerzhaft zartes Gefühl von Mitleid
dringt in mich –
und ich wünsche mir,
dein sanftes Auge
mit all meiner Liebe zu umarmen.

Ich möchte dir
als Zeichen meiner Dankbarkeit
die Stirn küssen.

Ich wünschte,
ich hätte damals den Mut gehabt,
dir meine untröstliche Hand zu reichen -
um den Bund der Freundschaft einzugehen.

Sag, lieber Wal -
denkst du heute noch an mich?
Und glaubst du an die wahre Freundschaft?

Glaubst du wirklich daran,
dass es da draußen jemanden gibt,
der sein Leben für dich gäbe -
mit einem leichten,
aber glücklichen Lächeln?

Zwischen all den Menschen,
zwischen all den flüchtigen Zeitrafferfreunden,
kostete ich nur ein einziges Mal
von der wahren, lieblichen Freundschaft.
Diese unvergleichliche Süße,
durchzogen von einem zarten Hauch Hoffnung -
dieses starke,
aber zugleich so zerbrechliche Band -
machte mir eine ungeheure Angst.

Die Angst, dass sie gehen könnte.
Ohne Abschied,
ohne ein letztes Wort,
und in die Arme eines anderen fällt.

Oh Wal - was ist nur aus mir geworden?
Und was könnte aus mir werden,

wenn ich diese Angst
wie ein rostendes Schwert niederlege
und dem endlosen Kampfe meiner Seele
ein „Nein" entgegenrufe?

Was könnte –
genau in dieser Sekunde –
aus mir werden,
wenn ich den Mut aufbringe,
an das zu glauben,
was mir guttut?

Wenn ich den nächtlichen Dämonen
mit einem zärtlichen Kuss
den Schlaf schenke?

Ich glaube,
ich bin für diese Art von Freundschaft
nicht bereit.
Oder schlimmer noch:
Vielleicht werde ich es nie sein.

Denn tief in mir
lebt die uralte Angst,
dass ich die Schönheit wahrer Freundschaft
nicht tragen kann.

Doch so rostig mein Schwert,
so stumpf seine Klinge –
mir ist es verwehrt,
Ruhe vom ewigen Kampf zu nehmen.

So schneide ich mich ins eigene Fleisch
und blute leer aus meiner Seele hinaus -
um mich auf jenen Weg zu begeben,
der mich vom eigentlichen Sinn dieser Welt
abschottet.

Ich bin ein Kämpfer ohne Feinde,
der vor einer offenen Tür steht,
die er nicht betreten kann.
Denn die verschlossenen Träume meines Selbst
entreißen mir den Boden
unter den gebrochenen Füßen -
damit ich als kriechendes Wesen
von unten hinauf zu den Sternen blicke,
und der Gedanke des Unerreichbaren
in den Wurzeln meines Hasses gesät wird.

Liebster Freund,
warum habe ich eine so ungeheure Angst,
einem Menschen das zu geben,
was tief in mir verborgen liegt?

Warum fürchte ich mich,
mein Seelenkleid abzulegen,
die Brust zu öffnen
und alle Masken abzunehmen,
mit denen ich mein wahres Ich begrabe?

Ich schaue aus dem Fenster
und sehe - außer zarten Wolken -
eine Finsternis, die dich verschluckt hat.

Weder dein Auge noch dein Wesen
erkenne ich in diesem zeitlosen Ozean.
Doch ich lebe mit der Hoffnung,
dass du für mich weiterlebst -
im Universum,
aus dem du mir zusiehst.

Auch ich werde mein schwaches,
aber für dich starkes Auge
in der Dunkelheit offen halten,
um dir den nötigen Trost zu spenden.

Vielleicht wurden wir geboren,
um uns gegenseitig zu retten.
Blind wandernd,
uns im Konsum der Zeit die Hände haltend.
Wenigstens dich,
wenigstens ein einziges Leben
möchte ich bereichern -
statt mit meinem Leid zu zerschmettern.

Es ist leicht,
eine Person im Hass zu zerstören.
Doch es gleicht einer Unmöglichkeit,
jemanden -
trotz seiner Unfähigkeit zu lieben -
zu retten.

Ich hätte auch *sie* retten müssen,
liebster Freund.

Ich hätte mir die Hand beim Reichen
selbst abhacken müssen,
um den Teufel in mir zu brechen.

Denn an jenem Abend,
als sie vor mir stand
und mit ihren dunklen, tiefen Augen
in meine Seele sah,
blieb sie stehen -
und nahm mich in den Arm.

Wie sehr habe ich mich in diesem Moment gehasst,
weil sie all meine Masken durchquerte
und sich trotzdessen
in mein Ich verliebt hatte.

Wie konnte sie es nur wagen,
sich in jemanden zu verlieben,
der aus bloßem Egoismus
ihr ureigenes Wesen zerreißen wollte?

Sie war so warm anzusehen
und goss die kleine Sonnenblume
in meiner Seele.
Sie trat ein -
ohne zu wissen,
was sie dort erwarten würde.

Und obwohl sie ahnte,
welche Narben in meinem Kopf umherschwirrten
und dass ich längst den Tanz mit Sucilia angenommen
hatte,

hielt sie meine Hand
in vielen gottlosen Stunden.

In jenen Nächten,
in denen ich die Hoffnung aufgeben wollte,
drückte sie sich an meinen parasitären Körper,
unwissend,
welchen Schaden ich ihr in diesem Moment zufügte.
Unwissend,
welcher Dämon in mir wohnte.
Und noch unwissender,
welchen Schmerz sie erleiden würde,
sollte sie tiefer
in meinen Seelenkerker hinabsteigen.

Ich hätte sie beschützen müssen -
vor mir selbst.

Ich hätte mich
in ihrer Unschuld verbrennen müssen,
um als jener Mensch zurückzukehren,
der ihrer Liebe Segen spendet
und ihr das Lächeln gibt,
das sie verdient.

Doch zum ewigen Kampf bin ich verdammt.
Denn der Hass auf mich selbst
ist tief -
und so sterben sie,
lieber Freund.
So sterben sie alle,
wenn sie mir begegnen.

Ich gleiche dem Tod,
der seine Opfer
mit einem kalten Kuss begrüßt
und sie auf der Wiese
meiner Seele
sanft verenden lässt.

Unzählige,
anfangs hoffnungsvolle Menschen
liegen auf dieser grauen Wiese.
Ihre Körper
bedeckt von einer geschmacklosen,
trostlosen Schwärze -
nur ihre großen Herzen
schreien ein tiefes Blutrot hinaus,
in der Hoffnung,
mein Ich noch erreichen zu können.

Doch sie sind
nur noch Schatten meiner Vergangenheit.
Und als lebendige Schatten
wandern sie in meinem Innern
und klopfen
- unermüdlich -
an meine Tür.

An manchen Tagen versuchen sie,
diese Tür aufzubrechen
und meine Masken
mit leidenschaftlichem Herzblut zu bemalen.

Doch nicht einmal tausende tote Schatten
vermögen ein Leben zu retten -
so wie das Lächeln eines Menschen,
der dich aufrichtig ansieht.

Ich sehne mich nach jenen Tagen,
an denen sie meinen Rücken umarmte
und mir zuflüsterte,
dass ich keine Angst haben müsse.
Es war,
als könne sie meine Farben riechen
und aus ihnen ein weiches Kissen weben,
auf dem ich endlich schlafen konnte.

Ich würde lügen,
würde ich sagen,
dass ich sie nicht vermisse.
Dass ich nicht jage
nach diesen vergessenen Stunden,
in denen sie meine Hand hielt.

Sie umarmte mich auf ihre eigene Weise.
Nicht wie jemand,
der nur festhält -
sondern wie jemand,
der beschützt.
Als ob sie mich
vor mir selbst bewahren wollte.

Als läge die Wahrheit dieser Welt
in ihren Händen -
und sie wollte mir sagen,
was ich längst wusste:

Dass es nicht nur Liebe war.
Es war Kraft.
Es war Mut,
sich jemandem zu öffnen.
Es war das stille Erlauben,
dass diese Welt
voller schöner Sterne ist -
und Wale,
die nur darauf warten,
entdeckt zu werden.

Liebster Freund,
warum habe ich eine so ungeheure Angst,
einem Menschen das zu schenken,
was tief in mir verborgen liegt?

Mein Seelenkleid zu entreißen,
meine Brust zu öffnen,
alle Masken abzulegen,
mit denen ich mein wahres Ich
seit Jahren begrabe.

Ich schaue aus dem Fenster
und sehe nur zarte Wolken
und eine Finsternis,
die dich verschluckt hat.

Weder dein Auge noch dein Wesen
erkenne ich in diesem zeitlosen Ozean.

Doch ich lebe mit der Hoffnung,
dass du für mich weiterlebst -
dort draußen,
im Universum,
aus dem du mir zusiehst.

Auch ich werde mein schwaches,
aber für dich starkes Auge
offenhalten in dieser Dunkelheit,
um dir den nötigen Trost zu spenden.

Möglicherweise wurden wir geboren,
um uns gegenseitig zu retten -
in blinden Zeiten wandernd,
uns im Konsum der Welt an den Händen haltend.
Wenigstens dich möchte ich retten.
Nur ein einziges Leben will ich bereichern,
statt es mit meinem Leid zu zerschmettern.

Es ist leicht,
eine Person im Hasse zu zerstören -
doch es gleicht einer Unmöglichkeit,
jemanden - trotz seiner Unfähigkeit zur Liebe -
wirklich zu retten.

Ich hätte auch sie retten müssen,
mein liebster Freund.

Ich hätte mir die Hand beim Reichen selbst abhacken
müssen,
um den Teufel in mir zu brechen.

Denn an jenem Abend,
als sie vor mir stand
und mit ihren dunklen, tiefen Augen
in meine Seele blickte,
blieb sie einfach stehen -
und nahm mich in den Arm.

Wie sehr habe ich mich in diesem Moment gehasst.
Denn sie hatte all meine Masken durchquert
und sich dennoch
in mein wahres Ich verliebt.

Wie konnte sie es nur wagen,
sich in jemanden zu verlieben,
der ihr ureigenes Wesen
aus Egoismus zu zerreißen drohte?

Sie war so warm anzusehen -
und sie goss die kleine Sonnenblume
in meinem Innersten.
Sie trat ein,
ohne zu wissen,
was auf sie zukommen würde.

Und obwohl sie ahnte,
welche Narben in meinem Kopf umherschwirrten,
obwohl sie wusste,

dass ich längst den Tanz mit Sucilia angenommen
hatte,
hielt sie meine Hand
in vielen gottlosen Stunden.

In vielen Nächten,
in denen ich bereit war,
die Hoffnung aufzugeben,
drückte sie sich an meinen parasitären Körper -
unwissend, welchen Schaden ich ihr in diesem
Moment zufügte.
Unwissend, welcher Dämon in mir lebte.
Und noch unwissender,
welchen Schmerz sie erleiden würde,
wenn sie noch tiefer
in meinen Seelenkerker hinabstiege.

Ich hätte sie beschützen müssen -
vor mir selbst.
Ich hätte mich in ihrer Unschuld verbrennen müssen
und als der Mensch zurückkehren sollen,
der ihrer Liebe einen Segen schenkt
und ihr jenes Lächeln gibt,
das sie wahrlich verdient.

Doch zum ewigen Kampf bin ich verdammt,
denn der Hass auf mich selbst
sitzt zu tief.
Und so sterben sie, mein lieber Freund -
alle, die mir begegnen.

Denn ich gleiche dem Tod,
der seine Opfer
mit einem kalten Kuss empfängt
und sie in der trostlosen Wiese
meiner Seele verwelken lässt.

Unzählige, einst hoffnungsvolle Menschen
liegen dort -
grau, regungslos,
bedeckt von geschmackloser Schwärze.
Und doch schreien ihre großen Herzen
ein tiefes Blutrot hinaus -
in der Hoffnung,
mein wahres Ich zu erreichen.

Aber sie sind nur noch Schatten meiner
Vergangenheit.
Lebendige Schatten,
die in meinem Inneren umherwandern
und an meine Tür klopfen.
An manchen Tagen versuchen sie,
diese aufzubrechen
und meine Masken
mit leidenschaftlichem Herzblut neu zu bemalen.

Doch nicht einmal tausend tote Schatten
vermögen ein Leben zu retten -
so wie das Lächeln eines Menschen,
der dich aufrichtig ansieht.

Ich sehne mich nach jenen Tagen,
an denen sie meinen Rücken umarmte
und flüsterte,
dass ich keine Angst haben müsse.

Es war, als könnte sie meine Farben riechen
und aus ihnen ein weiches Kissen weben,
das mir beim Einschlafen half.

Ich würde lügen,
würde ich sagen,
dass ich sie nicht vermisse -
dass ich nicht den Tagen nachjage,
an denen sie meine Hand hielt.

Sie umarmte mich auf eine ganz besondere Weise.
Ihre Hände umklammerten meinen Körper,
wenn ich sie hielt -
so, als wolle sie mich
vor mir selbst beschützen.

Als läge die Wahrheit dieser Welt
in ihren Händen,
und als wollte sie mir sagen,
was ich längst wusste:

Dass es nicht nur Liebe ist -
sondern die Kraft,
sich einem Menschen zu öffnen.
Ihm zu erlauben,
in die eigene Welt zu treten -

eine Welt voller schöner Sterne
und Wale,
die nur darauf warten,
entdeckt zu werden.

In dunkler Nacht erscheinst du mir,
mit trüben Augen lächelnd, du großes Tier,
und doch weiß ich nicht,
wie groß du bist, o Wal, mit tausend Sternen in dir.
Spaziere ich in später Stunde,
reißt mit der Erinnerung an Freundschaft in mir eine
tiefe Wunde.

Sag, blaues Wesen, was treibt dich zu mir?
Welcher Gott hat dich gelehrt?
Spürst du auch, dass etwas stirbt -
spürst du den Dämon, der nach Seelen giert?

Doch du schweigst - und mein Staunen schreit.
Sind wir Freunde, lässt du das zu?
Wirst du den Teufel vertreiben, der an meiner Seele
zerrt?
Gibst du mir den Glauben an Freundschaft zurück?

Einsame Stille herrscht in diesem Moment,
scharfe Erinnerungen brennen in mir.
Alte Gefühle erwachen an vertrauten Orten -
ich will fliehen, mit gebrochenen Beinen rennen.

Du zeigst mir vergangene Freundschaft und kalte
Scherben
an Orten neuer Liebe und warmer Gärten.

Zeigst mir ihre freie Seele, ihre schönen Lippen,
dort, wo ich im Kerker auf ewig gelitten.

Eine verarmte Hand ohne Funken Gefühl
wollte deine Seele tasten - leise, kühl.
Doch wie grausam war ich nur,
dich im tiefen Loch zurückzulassen?

Seitdem horche ich nach Wärme,
lebe in Fragen und widerspreche
dem eigentlichen Sinn meines Seins.
Ich grabe nach Licht - und finde keines.

Denn du bist fort,
dem Frieden fern, dem Krieg so nah.
Ich trage den Kummer in mir,
denn du warst mein Licht, mein größter Gewinn.

So bitte ich Gott:
Lass mich ein Stern sein.
Lass mich dir schenken den Wein eines Freundes,
auf dass ich allein im Kosmos bin,
fern vom Schmerz - und alleine wein'.

Erfülle mir den einen Wunsch,
damit ich Freude schenken kann.
Fülle mein Glas mit Freudenpunsch,
während ich farblos male auf meinen Seelenwänden.

Lass mich ruhen auf deiner Wiese -
die Lebenskrise übersteh' ich.

Ich beiße in Sucilias Lippen, meine Geliebte,
und lasse Melancholia mich in den Schlaf wiegen.

X

Es ist die Hoffnung,
die mir seit Tagen den Kopf zerbricht.
Die Hoffnung, dass ich sie lieben kann,
oder die Hoffnung auf bessere Zeiten.
Noch hoffnungsvoller ist jene Hoffnung
auf die Liebe, die sie mir geben könnte.

Ich blicke in den Spiegel meines Selbst
und sehe jemanden,
der von der Hoffnungslosigkeit
wie ein öder Kaugummi zerbissen
und anschließend achtlos weggeschmissen wurde.

Die einen sagen,
dass Hoffnung etwas Gutes sei -
etwas, das das Herz zum Springen bringt
und wie eine sanfte Kamille duftet,
die den Weg zu Gott öffnet.

Die anderen sehen Hoffnung als Widersacher,
der mit heißer Klinge die Wunden des Versagens
in jene Leiber brennt,
die es gewagt haben,
nur ein wenig zu viel zu hoffen.

Ich frage mich inständig,
auf welche Seite sich meine Seele schlägt.

Es gibt Tage,
an denen ich meine Augen schließe

und sie mit brutaler Gewalt zuschweißen möchte.
Ich will nie wieder sehen können,
nie wieder einen Gedanken
an irgendeine Art von Hoffnung verschwenden.

An diesen Tagen überkommt mich der Hass auf die
Hoffnung,
sodass ich Gott mit blutigen Narben den Rücken
zukehre.

Die Wut -
dieses unerträgliche Bauchgefühl -
plagt meinen Körper,
meine Gedanken.
Als wären brennende Peitschen in meiner Seele,
die mein kleines Ich mit roher Gewalt misshandeln.

Ich habe Angst zu hoffen,
weil sich dieser Schmerz anfühlt wie Steine,
geworfen ausgerechnet von jenen,
die ich am meisten liebe.

Sie treffen meinen Kopf,
aus dem das Blut still und schnell fließt -
wie ihre Spuren,
die mich verlassen.

Das Gefühl der Verdorbenheit liegt mir auf der Zunge,
mein Bauch wird
von all der Angst
zusammengedrückt.

In solchen Zeiten frage ich mich,
ob sich so Sterben anfühlen muss.
Ob der Tod ebenso schrecklich ist –
und dieses zerdrückende Gefühl
wohl für eine Ewigkeit anhält.

Meine Augen werden mit der Zeit dunkler,
und ich sehe kränklich aus.
Dunkle, scharfe Augenringe
spiegeln die Trauer in meinem Gesicht.
Mein Appetit schwindet.

Ich möchte nichts mehr essen.
Lieber will ich tagelang in meinem Bett liegen
und mich vom Dämon der Trauer zerfressen lassen.
Wie ein liegendes Wesen,
das keinem Tier ein Haar krümmt und mit dem Wind
geht –
so möchte ich verweilen
und darauf warten,
dass sich das erste Moos auf meinem Körper bildet.

Paradoxerweise wünsche ich mir in der
Hoffnungslosigkeit etwas Hoffnung.
Doch wie ist das möglich?
Warum jage ich dem nach,
was mich zerstört hat?
Wieso sehne ich mich nach der Achtung und dem
Gehör meines Peinigers?

Warum strecke ich meinen Kopf dem Schwert des
Schicksals entgegen
und hoffe,
nicht enthauptet zu werden?

Wieder diese endlosen Fragen,
die mich noch tiefer in die Dunkelheit reißen
und mich am Hass teilhaben lassen.
Ich will schlafen -
und nicht wieder aufwachen.

Mein Kopf blutet schon -
und was noch schlimmer ist:
Wer kann mir helfen?

Die Hoffnung ist widersprüchlich
und bringt mein Ich nur in Verzweiflung.
Doch selbst in den dunkelsten Stunden
erhellen sich meine Gedanken,
wenn das Tageslicht durch mein Fenster bricht
und mich wie eine liebende Mutter umarmt.

Sollte ich also auf bessere Zeiten hoffen,
weil ich im Ozean der Verletzlichkeit schwimme -
oder jene Hoffnung vernichten,
die es wagte, mir eine Illusion vorzuspielen?

Ich bin ein Narr,
der versucht,
aus seiner törichten Hässlichkeit
so etwas wie eine verbogene Schönheit zu entdecken
-

in der Hoffnung,
dass auch ihm
das liebliche Gefühl von Verbundenheit gegönnt sei.

Ich weiß nicht mehr,
was ich fühlen oder glauben soll –
ob Hoffnung nun etwas Gutes oder etwas Böses ist.

Ich kenne ihre guten Seiten,
denn ich habe ihre Lippen berührt,
als ich am Boden lag.
Ihre dunklen, glänzenden Augen
schenkten mir jene Art von Hoffnung,
die ich zum Atmen brauchte.

Dass ich weitergehen muss,
denn der Boden ist kalt,
und ich werde kränklicher mit jeder Sekunde,
in der ich mein Ich im verlausten Staub der Erde
wälze.

Wach auf, schreie ich innerlich,
doch halte mir mit voller Kraft, wohlwissend, die
Ohren zu,
um meinem verstummten Ich kein Gehör zu
schenken.

Doch bin ich einmal oben
und ihr Platz in meinem Herzen groß,
wendet sie sich von mir ab –

und ein klarer, leerer Windsturm durchquert das
Loch,
das sie hinterlassen hat.

Oh, du verstummtes, durchlöchertes Herz,
so frage ich dich nochmals in grausamer Nacht:
Wie viel hältst du noch aus,
und wie stark ist dein Herzschlag noch?
Wie viel kann ein Mensch ertragen
und aus seiner Asche neugeboren werden?

Ich will dich fragen, liebster Mensch in dunklen
Zeiten:
Was können wir noch ausrichten,
wenn unser Schicksal durch die Lippen der Hoffnung
in unsere Herzen gezeichnet ist -
und bei jedem Schwinden nur grauenhaften Schmerz
hinterlässt?

Denn: Wozu noch hoffen?, frage ich mich,
wenn die Enttäuschung längst im Inneren verborgen
liegt?

Und genau jetzt schreie ich - mit müder Stimme:
Dass Hoffnung doch etwas Gutes sei.

Werter Freund,
wieso muss mich das zerstören, was ich am meisten
liebe
und mir in bitteren Nächten Trost spenden soll?
Wieso muss der Abschied so hart und blind sein?

Ich frage dich aus tiefster Not,
denn mein Antlitz schwindet bei jedem Gedanken,
der mit dem Feuer der Peitsche meine Seele
schändet.

Wieso muss genau das, was mir am meisten Heilung
schenkt,
meine Seele aushöhlen
und meine inneren Dämonen in Wallung bringen?

Gott,
wieso lächle ich, obwohl ich immer traurig bin?

Ich schließe meine Augen
und sehne mich
nach der weiten Wiese,
die mir den Duft der Freiheit schenkt.

Unbändiges Gras,
mach nahe Stellen sprudeln vor Leben,
und die Bäume sprechen leise mit sanfter Stimme.
Bewegungslos horche ich den alten Stimmen nach,
die mir noch ältere Geschichten zuflüstern.

Für diesen einen Moment verspüre ich nicht den
Drang,
das Unbeschreibliche zu wagen -
denn alles ist schön und schenkt mir Ruhe.

Schleppend berühre ich die Haare der Grashalme,
und meine Fingerspitzen beginnen zu kitzeln.

Erschrocken bemerke ich,
dass sich meine Mundwinkel heben.

Für diesen einen Moment lasse ich es zu, glücklich zu
sein.
Es fühlt sich weich und stark zugleich an.
Welch unbeschreiblich warmes Gefühl,
das meinen Körper küsst
und mir die Farbe Grün schenkt.

Ich greife ins Gras,
schließe meine Hand zu einer Faust
und spüre die Stärke Mutter Naturs,
während ich meine unschuldigen Freunde aus dem
Boden reiße.

Ich musste es tun,
denn sie schenkten mir Zwiespältiges.

So blicke ich die toten Seelen an
und bemerke,
dass sie zu einem Ton verblassen,
der meiner Haut gleicht:
ein widerwärtig erschreckendes Grau -
ohne Seelenhauch und greifbare Freude.

Die Erde ist ganz braun
und trotz meines Hasses: belebend.
Das Leid der Grashalme nahm ich mir,
denn ich wollte sie zerstören.

Denn alles Schöne wird hässlich durch die Hände der
Gierigen,
die - trotz des weißen Lichtes allen Göttlichen -
eine unaussprechliche Dunkelheit hinterlassen.

Ihr Durst nach Schmerz ist groß,
und je schöner der Wunsch nach Harmonie und
Gleichheit,
desto dunkler sind die Stellen dieser Vielfresser.

Und wenn ich meine schweren Augen öffne,
so erblicke ich das Grau meiner Zimmerwände
und trockene Weine,
die meinem Leben den süßen Trunk des Alleinseins
geben.

Ich blicke in die Tiefen meines Hasses
und will den Schmerz der Hoffnung loswerden.
Du elendes Paradoxon,
das mein Dasein in zwei Hälften zerreißt
und als Entschuldung weitere leere Gedanken
schenkt.

Wie könnte ich jemals von deinem Fluch loskommen,
wenn selbst darin ein winziger Tropfen Grün
versteckt ist?

Verrate mir:
Bist du ein Engel, verkleidet als Dämon -
oder ein Dämon, verkleidet als Engel?

Ich schreibe in tiefster Nacht unter den Sternen,
die mir stumm zusehen,
während ich das Leid meines Lebens niederschreibe,
und du -
in den Ecken meines Lebens -
die nächsten Illusionen planst.

Ich hasse dein Sein
und verachte mich zugleich,
weil ich hoffe,
dass ich eines Tages
ein wenig Glück verspüren darf.

Ich will meinen Kopf in tausend Einzelteile
zersplittern lassen
und nach Heilung beten.
Ich will schreien - und nach Stummheit streben.
Ich will fluchen - und nach Tugend leben.
Ich will verhungern - und gleichzeitig satt sein.
Ich will voller Wut rasen - und inneren Frieden
erlangen.
Ich will weinen - und im selben Moment lachen.
Ich will rennen - und stillstehen.
Ich will Veränderung,
ohne irgendetwas zu verändern.
Ich will Licht in der Dunkelheit -
und ein wenig Dunkelheit im Licht.

Ich will ohne Hände schreiben - und ohne Lunge
atmen.

Ich will mit geschlossenen Augen sehen
und keine Antworten auf meine Fragen erhalten -
zugleich aber Antworten auf jene Fragen bekommen,
die ich nie gestellt habe.
Ich will nichts wissen - in einer Welt, in der jeder alles
weiß.
Ich will viele Bücher besitzen - obwohl ich nicht lesen
kann.
Ich will ohne Appetit essen - und ohne Durst trinken.
Ich will mit trockenen Augen weinen
und mit gebrochenen Beinen rennen.
Ich will mit Hass leben - und mit Liebe sterben.

Ich will, dass Gott zu mir spricht -
und ich ihm dieses eine Mal der bin, der nicht
antwortet.

Ich will schwimmen - und ertrinken.
Ich will eine Ehefrau haben - von der ich nichts weiß.
Ich will Schnee im Hochsommer.
Ich will jede Sprache verstehen - und keine sprechen
können.
Ich will taub sein und stumm,
damit ich die schmerzhaften Worte meiner Liebsten
nicht hören muss.
Ich will blind sein,
damit ich den Verrat meiner Liebe nicht erblicken
kann.

Und doch will ich über all meine Sinne verfügen,
damit eben dieses Leid sich in meinen Körper
einbrennt.
Ich will meinem Herzen treu sein - und es verraten,
weil ich mich oft selbst nicht lieben kann.
Ich will mir zuhören,
während ich mir meine Ohren abschneide.
Ich will die sanfteste Liebe erfahren,
nur um sie mit meiner brutalen Art zu zerstören.
Ich will weich in ihren Händen liegen
und einschlafen,
bevor meine rasende Seele ihr all das Glück dieser
Welt nimmt.

Und wenn ich ehrlich zu mir sein darf,
dann wünsche ich mir alles -
und gleichzeitig nichts.

Vor lauter Wut schlage ich meinen Kopf
gegen die stählerne Wand meines Seelenkerkers
und genieße den schreckhaften Moment,
in dem ich das schwarze Blut
vor mein Äuglein fließen sehe.

Meine Stirn ist ganz zerschmettert
und wie Glas gebrochen.
Ich spüre keine Angst,
wenn es darum geht, mich zugrunde zu richten -
obwohl ich doch ein sehr ängstlicher Mensch bin.

Welch dürre Gestalt der Ironie mein Leben
heimsucht,

und sich fragt, weshalb ich nur stark sein kann,
wenn es darum geht, mein Leben in all seinen
Facetten zu quälen.

Dieses eine Leben am Halse zu packen
und es so lange mit Brutalität zu erwürgen,
bis eine taubstumme Melancholie
den Einzug der Einsamkeit ankündigt
und diesen Körper übernimmt.

Welch Tragödie der Mensch mit Hoffnung doch ist -
und je heller das Funkeln der Augen,
desto tragischer wird der Held
in seiner Machtlosigkeit verenden.

Ob das Leben wohl doch etwas Gutes hat,
wenn wir ohne Hoffnung und ohne Träume leben?

Ich fasse mir an die Stirn
und streichle sie sanft
mit einer unsagbaren Gottesfürchtigkeit,
während ich mich auf den kahlen Boden setze.

Ich schaue mir meine Finger an
und spüre, wie zäh und dick mein Blut ist.
Ich lasse es durch meine Fingerspitzen gleiten
und erkenne, wie wertlos und trocken
dieses Dasein doch ist.

Dass das, was ich in meinem Herzen trage,
kein Gewicht hat -

denn jene Ohren sind nicht geboren,
und die Münder, die mir Ruhe schenken könnten,
sind in der tiefen Schwärze des Universums
verschmolzen.

Ich erkenne nichts mehr
und will mich
auf einen schneeweißen Boden hinlegen
und meinem Sterben zuhören.

Doch so einfach
lässt mich kein Gott dieser Welt sterben.
Er will mich kämpfen sehen.

Aus einem mir unerklärlichen Grund genießt er die
Farben meiner Seele,
wenn ich meiner Trauer für einen kurzen Moment
entsage
und mit Licht in die Finsternis verarmter Herzen
strahle.

Sag, Gott - wurde ich geboren,
um die Wunden verletzter Menschen zu versorgen
und ihre tiefen Seelennarben verblassen zu lassen?
Muss ich hierfür selbst des Teufels Schwert
in meinem großen Herzen rühren,
um Hass und Blut kennenzulernen?

Lass mich doch einfach los -
und gib mich endlich auf.
Ich habe versagt.

Ich habe versagt mit allem,
was mir teuer und lieb ist.

Ich habe noch nie in meinem ganzen Leben
meinen Kopf strecken können
und vor lauter Dankbarkeit deinen Namen geschrien.

Die Hoffnung, von der du redest - sie ist tot.
Sie lebt nicht in meinem Herzen.
Denn wenn sie es täte,
dann müsste ich nicht in den kalten Nächten
unter meiner dreckigen Decke weinen
und zuschauen, wie der einsame Atem meinen
Körper verlässt.

Ich bin verloren in deiner Welt,
und dein Licht, das mich einst in Dankbarkeit
empfing,
ist von meinen Seelenwänden blockiert.

Ich habe die Fenster meines Kerkers
mit dicken Holzbrettern vernagelt.
Mit jedem einzelnen Schlag hoffte ich,
dass du mir verzeihen könntest.
Immer und immer wieder schlug ich alles zu,
um mich zu verstecken.

Gott, ich kann dein Licht nicht mehr empfangen,
denn ich bin ein vergrauter Mensch geworden.
Ich bin unfähig, die Schönheit deines Seins zu
erkennen -

denn blind sind meine Augen und stumm meine
Ohren,
die deinen heilenden Gesang erhören könnten.

In dieser Stille blicke ich in die Dunkelheit hinein,
ohne Gefühl oder Leid.
Den Schmerz meiner Stirn spüre ich kaum,
und meine Hände zittern vor ängstlicher Freude.

Denn ich kann stark sein,
wenn es darum geht, mich zu schwächen.
Ich kann es schaffen, mich zu richten -
auch wenn es lange dauern mag.
Ich schaffe es.
Denn ich bin das erste Mal in meinem Leben stark.

Wer könnte denn von sich behaupten,
sich selbst zerstören zu können?
Dem Gras seine Farben zu stehlen,
Freunde hassen zu lernen,
einen Feind vernichten
oder das Herz seiner Frau zu stehlen?

Das alles ist die Stärke der Schwachen.
Meinem eigenen Leben die Stirn zu bieten
und den Lebenshauch einzuatmen
- und mit diesem zu vergehen - das ist Stärke.

Denn ich vermag es, mit mir selbst abzuschließen.
Ich bin derjenige, der sich bekämpft.
Und wenn ich ein Leben auf dem Gewissen habe,
dann doch besser meins als das eines Unschuldigen.

Ich will sterben, damit andere weiterleben können.
Ich will mich zerstören,
bevor ich das Blut anderer Menschen fließen lasse.

Gott, wie gefällt dir meine Antwort?
Ich werde meinem Leben eine Farbe schenken,
die nur du sehen kannst,
um vom Schmerz meines Herzens endlich Abschied
zu nehmen.

Ich werde ein Kunstwerk zeichnen
und es in meinem Leibe sticken lassen,
damit ich es mit ins Grab nehmen kann.

Ich will nicht ohne Geschenk zu dir kommen.
Gib mir nur etwas Zeit,
denn ich werde weiterleben müssen,
um dir meine Farbe schenken zu können.

Ich werde langsam müde,
und meine Augenlider fallen in eine Art Trance.
Ich sehe meine nächtlichen Dämonen
und wie sie meinen Namen rufen.

Ich will noch nicht gehen,
denn ihre Bisse tun weh,
und viel von mir ist nicht mehr übrig.
Ich habe Angst.

Ich habe Angst, dass es meine letzten Stunden sein
könnten.

Um ehrlich zu sein, will ich der Hoffnung nur noch
eines zurufen:
„Ich will, dass ich nichts will."

Wozu leben, wenn Licht mich wird verlassen?
Wozu sehen, wenn Farben werden verblassen?
Wozu riechen, wenn Duft wird schwinden?
Wozu hören, wenn Ohren werden erblinden?

Ich stehe fragend unter den Sternen,
will wissen, was mich wird erwarten,
suche nach dem Apfel - zumindest nach den Kernen,
will treffen die Schlange, die wird mich verraten.

Ich will das Leben schmecken und hoffen,
Frauen kennenlernen - glatt oder mit Locken,
mit stolzer Brust spazieren gehen,
mit Tieren tanzen und im Winde vergehen.

Der Hoffnung die Tür aufhalten, oder auch zwei.
Und bei Fragen, was ich mache und wer ich sei,
ihr eine Blume als Antwort schenken,
zärtlich meinen Kopf senken,
still ihr in die Augen schauen
und ein - oder doch zwei - Küsse klauen.

Jedoch: Wenn ich ihr in die Augen blicke
und dieser eine Glanz sich im Nebel löst,
dann springt mein Herz vor lauter Angst auf,
und ich fange an zu rennen - nur nicht in ihre
Richtung.

Zu oft warst du mir Feind und Freund zugleich,
zeigtest mir viele Schatten und Lichterfarben allerlei,
durchstießest mich mit deinem Geweih,
abgerissen die Blume, welche in Liebe wollt gedeih'n.

So strecke ich meinen Kopf zu den Sternen und frag:
Soll ich der Hoffnung trauen und es wagen?
Oder werd ich brennen und Qualen erleiden,
der stumpfen Klinge Opfer sein
und mich ihrer Zwiespältigkeit beklagen?

Doch, was auch immer ich wähl –
das Glück tanzt mit dem Schmerz Hand in Hand.
Aufgerufen wird auch meine verarmte Seele,
auf dass sie nicht im Lichte der Hoffnung verbrannt.

XI

Auf der Suche nach Frieden
durchquere ich die Schatten meiner Vergangenheit
und werde mit blutigen Armen meines Ichs
empfangen.
Denn in der Stille dieser Nacht
gehe ich in mich hinein
und wage es, nach der verwelkenden Sonnenblume
zu greifen,
die sich vor lauter Schutt und Asche
meines verbrannten Seelenhauses gekleidet hat.

Ich will meinem Ich in die Augen schauen
und es aus den Klauen Sucilias entreißen.
Ich will ihm Hoffnung spenden
und seinem brennenden Kern
eine Linderung von all dem Schmerz verschaffen.
Denn das Herz dieser Welt schlägt fest -
und wäre ohne ihn ein kleines Stück schwächer.

So schließe ich meine trüben Augen
und kehre in die Dunkelheit ein,
um mich von meinem Leid zu verabschieden.
Denn ich muss wachsen
und das Gewand des Hasses ablegen.

Ich muss das Licht dieser Welt erblicken
und mir einen Sinn schaffen.
Ich muss kämpfen - in jeder Sekunde meines Seins.

Denn was hätte mein Leben noch von Wert,
wenn es in der stillen Dunkelheit
wie die anderen Seelen vergehen würde?

Ich glaube, dass wir Menschen zu etwas Größerem
geboren sind
als das Leid, das tief in unserem Herzen wohnt.
Ich will akzeptieren können,
dass das, was vergangen ist,
in der Vergangenheit ruht und mich endlich loslässt.
Denn wie könnte ich einer zukünftigen Liebe mein
Herz geben,
wenn es vom schwefligen Rauch erstickt
und im Keime stinkt?

Ich will den Mut aufbringen, zu lieben,
und die Hand der Mutter Hoffnung halten.
Denn nichts ist süßer und weicher
als die Hand eines liebenden Menschen,
der sich um dein Wohlbefinden sorgt.
Kein Gold dieser Welt könnte jemals im Geringsten
den Wert eines liebenden Menschen aufwiegen.

Oh Seele, oh tristes Ich,
ich muss kämpfen - für euch und für mich.
Ich muss kämpfen für das kleine gelbe Blümchen,
das darauf wartet, von mir gerettet zu werden.
Das darauf wartet, in den Händen meiner Seele zu
schlafen
und in die Augen meines inneren Ichs zu schauen.

Meinem Herzen möchte ich Heilung schenken,
doch widerspreche mir stets, wenn ich sage,
dass die Dunkelheit mich schützen würde.
Keine Dunkelheit - und sei sie noch so tief -
konnte je ein Herz erlösen,
das seinen Schmerz in eben dieser Schwärze
gefunden hat.
Einst war sie meine Rettung,
doch heute sehe ich meine Zähne verfaulen
und im dunklen Blei zugrunde gehen.

Ich erkenne an meinen schwachen Armen und Beinen
die verblichenen Blessuren.
Ich erkenne mich nicht wieder,
wenn ich vor dem Spiegel stehe und mit angespannter
Stimme sage,
dass ich mich liebe.

Werter Freund, gibt es etwas Schlimmeres
als einen Menschen, der sich nicht zu schätzen weiß?
Der täglich mit seinen Gedanken kämpft
und Gott um Gnade anfleht,
sein Leben leise zu verabschieden?

Doch kein Gott dieser Welt wird mir Erlösung
schenken
für das, was ich in meinem Herzen finde.
Keine Sicherheit, kein Trank, kein Wort, kein Äußeres
kann den Schmerz in der Seele heilen -
außer die Seele selbst.

Ich muss die Schaufel der Vergebung
aus den Seelentrümmern aufheben
und dieses Loch eigenhändig - samt meinen
Dämonen - begraben.

Das ist der einzige Weg,
um aus der Hölle eine Ruhestätte zu erschaffen,
die meinen Sieg über mich selbst symbolisiert.
Ich muss kämpfen,
denn dieser Krieg verlangt den Schrei des Todes -
jenen Tod,
der entweder mit meinem Blute
oder mit dem der Dämonen gekleidet ist.

Ich muss meiner Seele ein neues Obdach gewähren.
Ein Haus, das warm ist
und dem Knistern des brennenden Holzes im Kamin
Gehör schenkt.
Ein Haus, das das Lachen meines kleinen Ichs
nicht mit Gewalt,
sondern mit einer sanften Hand empfängt.
Ein Haus, in dem das Gebrüll eines Tyrannen an den
Wänden abprallt
und das Monster zerstört,
das es wagte, sich meinem Frieden anzunähern.

Ich will nicht mehr der Melodie meines Schmerzes
zuhören müssen
und zu Melancholias Liedern tanzen.

Vielmehr möchte ich den Gelüsten der Dämonen
entsagen
und einen Weg einschlagen,
der mir die Hoffnung zurückgibt,
für die ich täglich bete.

Ich möchte wieder leben
und die Strahlen der Sonne auf meiner Haut spüren.
Reifen möchte ich -
im Glanze der Klarheit und Einfachheit des Lebens.
In der Wiege des Vergessens
meine Narben ruhen lassen
und dem Glück nicht mehr nachjagen müssen.

Den Frieden will ich finden
und voller Freude umarmen,
um ein wenig Glückseligkeit zu erlangen.
Ich möchte in die süße Frucht des Schicksals
hineinbeißen
und meine Zukunft erschmecken -
ohne Angst,
dass - obwohl sie bitter sein könnte -
auch dieser Geschmack mir
eine Art von Zufriedenheit schenkt.

Denn mutig will ich zu mir sein
und noch mutiger in jenen Momenten,
die mir die Süße meiner Frucht versprechen
und am Ende doch
ein verfaultes, in sich geschrumpeltes Etwas
hinterlassen.

So wage ich den Schritt in mein inneres Seelenreich,
wohlbedacht,
dass ich dazu fähig bin,
mir mein eigenes Licht zu schwärzen.

Außer einer anfänglich lauten Stille
sehe ich tiefe, weiße Krater,
die sich an den Wänden ausgebreitet haben.
Höhnisches Gelächter dringt in mein Innerstes
und zerbricht die Sanftheit meines Seins.

Ich merke in diesem Moment,
dass das Böse ein Gesicht hat -
eines, das sich hinter den Masken meiner Peiniger
versteckt.
Die kalten Peitschenhiebe,
die sich verspielt an meinem Körper ausbreiten,
rufen meinen Namen -
und gleichwohl
fühle ich mich gelähmt
und bin dir unterlegen.

Deinen scharfen Nägeln trotze ich,
während du mir mit einem Lächeln
die Dramatik meiner Generation
ins kümmerliche Fleisch reißt.
Und auch dieses Mal ertrage ich deine Schmach.
Wieso nur muss es ausgerechnet das Böse sein,
das mich in die tiefsten Ecken meiner Seele verführt?

Erscheinst du,
weil du ein Teil von mir bist -

oder ist vielleicht gänzlich jedes Wesen
ein Teil von dir?

Warum bist du so grausam
und genießt das Ausbluten warmer Menschen
vor dem Auge des Todes?
Oh, du böses Etwas -
was könnte ich nur tun,
um dich nicht mehr mein nennen zu müssen?

Es ist das Böse,
das auf der Höhe balanciert
und wie ein Seiltänzer
uns Seelen ins Staunen versetzt.
Sprung für Sprung vergessen wir uns -
und schlimmer noch:
das Funkeln stiehlt uns
dieser blaue Dämon,
und frisst dein frisches,
morgendliches Erwachen
wollüstig auf -
solange,
bis du mit süßen Tränen
der Verzweiflung erwachst.

Könnte ich wirklich ohne dich leben?

Seit Anbeginn meiner Geburt
bist du mein schattiger Begleiter,
der sich an das unschuldige Gute anheftet.

Mit spitzen Zähnen
beißt du dem Engel der Vergebung in die Flügel –
mit der Hoffnung,
dass er auf ewig
kriechend vor dir geht.

Ohne Schuld
verblassen deine Augen vor dem Guten,
und dein dämonisches Wesen
schwindet leicht im Winde,
sodass dein Geruch uns Menschen
süß erscheint.

Unzählige Male wurde ich Opfer deiner Speisen,
ohne zu wissen,
dass mein Engel bereits unter der Erde liegt.

Ich bin schwach,
wenn es darum geht,
dem Bösen zu entsagen.

Wie sollte ich vom Guten predigen,
wenn der Teufel höchstpersönlich
in den Nächten meiner Einsamkeit
mir die Freude des Alleinseins schenkt?

Ich habe mich mit seinem Gift abgefunden –
und ehe ich mich versah,
wurde ich ganz blau.

Werter Freund,
steckt nicht in jedem Menschen etwas Blaues,
wenn das Schicksal ihm
einen Weg der Erleichterung zeigt?

Gehört das Blaue
zu unserem Leiden -
und wie könnten wir es loswerden?

Ich wüsste,
ehrlich gesagt,
nicht einmal, ob ich es will.
Das Böse ist mir
zu warm geworden.
Indes will ich die Farbe annehmen -
und darin ertrinken.

Doch wenn ich kurz innehalte und mir vorstelle,
dass ich einen Menschen durch meine Hände
verletzen könnte,
erweichen mir die Knie,
und mein Magen verkrampft fürchterlich.
Ich beginne kalt zu schwitzen
und sehe meine Umgebung
in einem trostlosen Grau.

In solchen Momenten merke ich,
dass ich nur ein Mann großer Reden bin
und weder das Blau
noch das Böse mir die Macht verleihen könnten,
einen Menschen bis aufs Letzte zu erniedrigen.

Außer -
wenn der Mensch, um den es ginge,
ich selbst wäre.

Zu oft sprach ich böse zu mir selbst
und zu meinem kleinen Ich
mit grauenhafter Stimme.
Ich bin ein Meister darin,
mir selbst einen Schrecken zu jagen -
und habe ich mich einmal erwischt,
reiße ich alles nieder,
bis eine weiße, unschuldige Blutlache vor mir liegt.
Hat auch nur ein Funke davon
etwas Göttliches in sich?

Meine Finger sind angespannt,
während ich diese hasserfüllten Worte zu Papier
bringe.
Welch Leben -
und welch Böses - doch mir innewohnt.
Ich schäme mich, werter Freund.

Geht es dir auch manchmal so?
Sag mir,
fühle ich zurecht in diesem Ausmaß,
oder erliege ich bereits meinem Wahnsinn?

Wahnsinn -
ja, ich glaube,
dieses Wort beschreibt meinen Zustand am
treffendsten.

Ein verrückter, wahnsinniger, gottesfürchtiger Mann,
der beim Töten nach Vergebung schreit
und in der Dunkelheit mit geschlossenen Augen
das Licht sucht.

Nun sag mir, du edler Freund -
was ist daran göttlich?
Was an mir, von all dem,
sollte göttlich sein?

Ich schaue in meine Seele
und erkenne tausende dunkle Löcher des Bösen -
und erfreue mich an dem Gedanken,
dass dieser Schmerz
eines Tages im dunklen Licht vergehen wird.

Redet so ein göttliches Wesen?

In mir sind Scherben,
auf denen ich kaue.
So oft klingelt die Glocke der Vergebung in mir -
und ich halte mir währenddessen die Ohren zu.

Denn ich glaube,
dass die Vergebung kein Haus in mir gebaut hat,
sondern wie ein bettelnder Nomade
in den dunkelsten Ecken meines Seins herumstreift
und mit gehackten Händen um Einlass fleht.

Und ich frage dich noch einmal, werter Freund:
Was an mir ist göttlich?

Ist es mein Wesen –
oder doch die Erkenntnis,
dass ich am Leben bin?
Was genau ist es,
was an mir besonders und einzigartig sein soll?

Im Grunde genommen
bin ich ein Insekt unter all den anderen Insekten,
das sich im Dreck der Gesellschaft herumlarvt.
Ein Insekt mit einem Anzug,
ein anderes mit einer anderen Farbe
oder mit einer stärkeren Panzerung.
Insekt bleibt Insekt –
und was den meisten Menschen entgeht,
ist die Wahrheit, die klar vor ihren Augen liegt:
Sie sind schwach
und mit einer süß-bitteren Zerbrechlichkeit gesegnet.

Der Fuß, der ihrem Leben ein Ende setzt,
ist meist der eigene –
ein Gedanke,
der in ihrem Kopf
die Größe der Erde annimmt.
Kleine, kriechende Wesen,
die sich im Abgrund
ihre eigenen Glieder herausreißen.
Sie kämpfen,
aus altem Brauch, gegeneinander
und töten aus Dummheit.

In der Gruppe greifen sie gerne an,
denn einzeln betrachtet
sind sie schwach
und stinken nach Verzweiflung.

Manche von ihnen rühmen sich,
weil sie schneller oder stärker sind.
Sie dominieren ihre stinkenden Gruppen
und bemerken die Ironie ihres eigenen Wesens nicht.

Ich selbst betrachte mich
als ein stilles Auge,
das am Sehen zugrunde geht –
wie ein Alkoholiker,
der an einer Wasservergiftung stirbt.

Ich erwarte nichts von diesem Haufen.
Ich will nicht mit ihnen sprechen,
nicht mit ihnen essen,
nicht im Geringsten Vergnügen teilen.
Ihre bloße Existenz widert mich an,
und der Hass meiner Seele
brennt in die Unendlichkeit,
wenn sie sich mir nähern.

Und so frage ich dich noch ein letztes Mal, werter
Freund:
Was ist an alledem so göttlich?
Welcher Gott könnte mir für diese Worte Vergebung
schenken?

Ich bin nur ein heißer Tropfen,
der von blitzenden Wolken auf diese Welt fällt.
In mir ist kein Funken von Erhabenheit.
Wenn ich meinen Kopf zum Himmel strecke,
warte ich auf das Schwert des Peinigers
und rühme mich der Stunden der Verzweiflung.

Wie könnte ich
in so einer Insektenwelt
glücklich werden?

Wie könnte irgendein Mensch in dieser Welt glücklich
werden?
Einst besänftigte mich der Gedanke,
dass wir verlorenen Seelen uns gegenseitig retten
würden.
Doch wenn ich tief in mich hineinhöre
und der lauten Stille Gehör schenke,
erkenne ich,
dass keiner kommen wird,
um die Hand der warmen Versöhnung auszustrecken.

Vielmehr reißen wir aus wahrhaftiger Bosheit
die Hände unserer Mitmenschen heraus
und erfreuen uns am Sieg der Äußerlichkeiten.
Des Freundes rechte Hand trägt die Hülle des
Dolches,
der sich in der linken ein Heim baute.

Aus diesem Grund hat uns Gott verlassen.
Und wer könnte es ihm übel nehmen?

Wenn selbst schwache Menschen
unschuldige Insekten zertreten -
weshalb sollte dann ein Gott
nicht auch uns mit Füßen treten?

Welch Schande,
die unser begrenztes Leben mit sich bringt,
und jene Unruhe,
die uns seit dem ersten Atemzug begleitet.
Wann hat dieser schreckliche Albtraum ein Ende?

Verrate mir doch, werter Freund:
Ist das Leben nichts anderes
als die ewige Strafe Gottes
für die Arroganz unseres Seins?

In mir ist nichts anderes
als die leere Erkenntnis,
dass meine Seele sich im ewigen Schlaf befindet.
Unbeschwert liegt sie da
und lässt sich von den bunten Dämonen berauben.

Denn dieses Leben bringt
eine Schar dunkler Begleiter mit sich.
Wo Gutes blüht,
wird ein großer Schatten geworfen,
der dem Bösen ein Heim schenkt
und ein Festmahl der Trauer veranstaltet.

So erkranke ich an der Angst,
dass auch meine kleine gelbe Sonnenblume
vom Gifte des Bösen genährt wird.

Jene Angst,
dass ihre schönen Blätter eines Tages verwelken
und ihre Früchte ein Übel tragen,
das das Leben samt Weichheit zerstört.

Ich könnte keinen Blick mehr
in das warme Feuer meiner Seele werfen,
wenn die einst wunderschöne Hoffnung
mir ihre kalten Blüten zeigt.

So muss ich Acht geben,
dass der Schatten sie nicht bei Nacht erreicht
und in ihr die Illusion erweckt,
dass das Sterben eine Erlösung sei -
dass der Wille, aufzugeben,
der eigentliche Urinstinkt unseres Seins ist.

Auch wenn Leben Sterben bedeutet,
so wäre der Schnitt aus eigener Hand bedeutungslos -
gezeichnet von einer künstlerischen Unklarheit,
die weder Namen noch Gestalt kennt.

Dass das eigentliche Sinnbild jeder Sonnenblume
nicht ihr Leuchten, sondern vielmehr ihr Wesen ist,
vermag ich nicht zu bezweifeln.
Es ist ihre Zartheit und Unschuld,
die mich an Hoffnung und Segen glauben lassen.

Eben dieser Glaube verleitet mich dazu,
anderen Menschen das Licht dieser Welt zu zeigen.
Denn wenn wir uns wie Insekten verhalten -

uns töten wie sie, uns zerreißen wie sie,
uns anfauchen, kleinmachen,
und - schlimmer noch -
uns ihren Geruch zu eigen machen,
dann, ja dann,
steckt nichts Göttliches mehr in uns.

Ich muss sie beschützen -
dieses kleine, schöne Wesen,
das mich nicht aufgeben lässt.
Ich lasse es pochen,
bis meine Zellen den Schrei des Lebens annehmen
und ihr Gewand der Verzweiflung abwerfen.

Das Leben einer Sonnenblume wiegt schwerer
als der sinnlose Selbstmord eines Menschen.

Denn wie könnten wir es jemals wagen,
die zärtlichen Blüten unseres Daseins
mit verseuchtem Schlamm zu gießen?

Leben - genau in dieser Nacht -
bedeutet für mich,
meine Sonnenblume zu gießen.
Ich höre ihren Durst nach Klarheit
und gebe ihr, was sie braucht.
Denn wenn ich dies nicht täte,
würde ich mich wahrlich
stückweise in den Abgrund treiben.

Wachsen will ich im Kellerlein,
dein Stein durchbrechen - ich ganz allein.
Still zusehen, wie du weinst,
dich berühren mit meiner Blüte,
dich retten, wie du mich einst.
Hoff' so sehr, dass ich dir genüge,
hoff' stärker noch, du wirst mich nicht betrügen.

Brüderlich - nur du und ich,
wachsen gemeinsam in Richtung Licht.
Du wirst nicht verlieren dein Gesicht,
ich werde dich retten -
heut und vor Gottes Gericht.
Dass deine Seele wir zum Sieg begleiten,
sie retten vor Teufels Intrigen.
Ob rund oder eckig, nach Belieben -
dein Wort soll auf keiner Goldwaage liegen.

Denn ich vertraue dir,
und du wirst an meiner Seite stehen,
sodass du Hoffnung wirst sehen.
Und jenes Feuer deiner Seele -
wird vergehen.

Gib mir klares Wasser, Reinheit,
seelenruhig steh' ich bereit,
deinen Dämonen zu entsagen,
und „Ja" zu diesem Kampf zu sagen.
Mit bunter Zuversicht, ohne Klagen,
werden wir sie ins Nichts verjagen.

Nur musst du mich gießen - und glauben,
dass ich deine Heilung bin.
Ganz, mit müden Augen,
vergessen,
und dem Glück das Glück rauben.

Verzage nicht in jener Nacht,
die dich zum Einsturz bringen will.
Ziehe dein Schwert - auch dieses Mal.
Reiß alles nieder - und strahle still.

Denn sie werden dich merken lernen -
so wie die Sonne all ihre Sterne.

XII

Es ist 08:07 –
der erste Gedanke des Tages:
Wie schön es doch wäre,
mein Leben zu beenden.
Oft träumte ich davon,
einfach von einer Klippe zu springen,
ohne Gefühl, ohne Mensch,
der mich davon abhalten würde.
Dem kalten Tod in die Augen blicken –
und meinem Ich zum letzten Mal sagen,
wie schwer das Leid ist,
das es ein Leben lang trug.

Noch einmal die Seele fragen,
wohin sie gehen wird,
wenn das Bewusstsein schwindet.
Noch einmal Gott fragen,
ob er mir verzeihen würde,
wenn ich dies täte
und ohne Scham vor ihm stünde.

Wenn ich mich in der Sekunde des Todes frage,
warum ich überhaupt je den Kampf gewagt habe,
wird mir schwer im Magen,
und Steine liegen dort,
wo eigentlich Leber und Niere sein sollten.
Was ist mein Leben in dieser einen Sekunde wert?
Und was wird es noch wert sein,

wenn ich springe -
und in tausend blutige Splitter zerbreche,
die wie Dornen in Gottes Sein stechen?

Denn ich bin es, der ihn verletzt,
ihn mit meiner Stumpfsinnigkeit ignoriert.
Ich bin es, der den Tod zu sich ruft,
weil das Leben verhasst und ergraut ist
im Auge des Unscheinbaren.

Im Stillen frage ich mich,
was die Freiheit kostet.
Und wenn dies die Freiheit ist,
dann schmeckt sie mir nicht.
Wem würde ein verdorbener, lang gestandener Apfel
schon schmecken,
der die bitteren Kerne der Erkenntnis birgt?

Mein Atem ist heute sehr schwach,
und die Welt dreht sich langsamer als sonst.
Ein leicht nostalgischer Wind grüßt mich
durch das gekippte Fenster,
und die Sonne gewann heute gegen die Wolken,
sodass ein blaues Meer am Himmel zu sehen ist.

Ich frage mich in solchen Momenten,
ob sich etwas in meinem Leben ändern würde,
wenn ich lange genug an dieser Stelle verweile
und an nichts denke.
Denn es sind für gewöhnlich solche Momente,
die die Schönheit im Inneren anregen und
inspirieren.

Vielleicht ist es nicht zu spät für mich.
Und wenn ich nur ganz leise und still
mich im Moment der Erkenntnis wiege,
könnte ich den Schlüssel zu meinen eisernen Ketten
finden.

Einen peinlichen Moment später
erkenne ich,
dass ich niemals frei sein werde.
Denn die Ketten dieser Welt sind zu dick,
zu hart,
zu grau.

Vielleicht aber
muss ich sie nicht loswerden.
Vielleicht bin ich dazu geboren worden,
diese Ketten ein Leben lang zu tragen -
um andere Kettenträger
in ihren sündhaftesten Momenten
verstehen zu können.

Niemand versteht einen Selbstmörder besser
als ein anderer Selbstmörder.
Vielleicht aber können sich Seelen,
die sich in der Dunkelheit verirrt haben,
an meinen Ketten hochziehen
und der Dunkelheit einen schmerzhaft-süßen
Abschied schenken.
Vielleicht sind meine Ketten deshalb so schwer,
damit ich mich nicht mit ihnen erhängen kann.

Vielleicht ist der Gedanke,
dass meine Ketten Brücken sind -
für die Unwissenden und die Irrenden,
die Tonnen von Seelen tragen können.

Oh Welt,
oh Wesen,
oh Gott -
ich fürchte mich nicht mehr.
Denn das Paradoxon meines Lebens
schenkt mir die ständige Option,
gleichzeitig überall und nirgendwo zu sein.
Ich kann entscheiden, wer ich bin,
wann, wo und in welchem Ausmaß mein Ich sich
zeigen darf.
Und vielleicht bin ich genau deshalb ganz frei -
auch wenn meine Umstände wie ein Käfig wirken.

Was ich dir sagen möchte, liebster Freund:
Wenn ein Vogel in einem kleinen Käfig gefangen wäre,
würdest du ihn zweifellos als unfrei bezeichnen.
Doch nehmen wir an,
ich würde eben diesen Käfig kilometerweit ausbauen,
sodass du ihn nicht mehr sehen könntest -
wäre der Vogel dann frei?

Und wenn ich den Käfig so groß mache,
so rund und weit wie die ganze Welt -
ist er dann immer noch gefangen,
oder nun endlich frei?

Sicherlich würde ein verleugneter Teil von dir sagen:
„Er ist frei."
Doch tief in dir wüsstest du:
Dieser Vogel lebt in einem Käfig, der sich Welt nennt.

Denn wenn du ihn als Gefangenen erkennst,
dann müsstest du auch dein eigenes Leben
als eines erkennen, das in einem Käfig stattfindet.

Was ich dir sagen möchte, werter Freund:
Keiner von uns ist wirklich frei.
Und wie frei wir uns fühlen,
bestimmt sich allein durch die Grenze,
die wir als unfrei anerkennen.
Wir alle sind Gefangene -
Gefangene unserer Unfreiheiten.
Unsere Grenzen schwinden nicht.
Sie leben in unserem Atem,
in unseren Gedanken,
in unseren Gefühlen
und in unserem Willen.

Je früher wir das erkennen
und annehmen,
desto leichter lebt es sich mit diesen Ketten.
Denn wir können sie nicht zerbrechen.
Sie zu leugnen,
wäre die Verleugnung unseres eigenen Wesens.

Unser Ich
zeigt sich nicht in der Freiheit,
die wir glauben zu haben -

sondern in den Grenzen,
die uns formen.

In den Grenzen unseres Tuns
erkennen wir uns selbst.

In den tiefsten Sünden erkennen wir die Farbe
unserer Seele,
und in der Unfreiheit ihre Größe und ihr Gewicht.
Der Wille formt sie,
und ihr Wert bemisst sich anhand der unschuldigen
Fantasie deines Seins.

So möchte ich meine Hand auf deine Schulter legen,
liebster Freund, und dir zuflüstern,
dass der Ruf des Todes
wie ein unfreies Echo
an die stählernen Seelenwände hallt.
Kannst du ihn hören?

In dieser verdorbenen Stunde
lege ich mein Haupt nieder und will gehen.
Ich will die Luft zwischen meinen schwarzen,
ausgehungerten Flügeln spüren
und Gott begegnen.
Ich will frei sein - hörst du?
Die Augen trüber Seelen
lassen mein Licht verdunkeln,
und ich ersticke langsam,
sanft und lautlos vor mich hin.

Welcher Schmerz mich in dieser Nacht plagt -
es ist der Schmerz der Unfreiheit.
Und ich wage zu sagen,
kein anderer Schmerz dieser Welt
kommt ihm auch nur nahe.

Oh, liebste Freiheit -
dein Geruch ist mein Gebet.
Doch meine Nase ist gebrochen,
als sie auf den harten Boden meiner Grenzen
geschmettert wurde.

So sammle ich jede Feder ein,
die mir auf meinem Lebensweg begegnet,
und klebe sie an meinen Rücken.
Eines Tages will ich mein Leib zum Brennen bringen -
und aus diesen vergrauten Federn
wird ein Licht erstrahlen,
das mir Hoffnung für weitere Jahre schenkt.

Doch eben dieses Feuer kann mich auch vernichten,
wenn der Geschmack der Ketten mir zu lieb
geworden ist.

Wenn ich ehrlich bin,
dann will ich nur noch fliehen.
Ich will die Flucht ergreifen
und alles hinter mir lassen.
In den Flammen der Verdammnis
will ich neu geboren werden
und ein Leben in ruhiger Muße verbringen.

Ich will den Lärm dieser Welt nicht mehr hören.
Ich will endlich fliegen.
Ich habe keinen Grund mehr, hier zu sein
und den Dreck zwischen meinen Zähnen zu
schmecken.

Ich bin ein Mensch,
der sich nach jener einen Sekunde der Unendlichkeit
sehnt.
Nur diese eine Sekunde –
in der ich mein Leben endlich pausieren kann.

Sie erlaubt mir zu atmen und zu verweilen
wie keine andere Sekunde es je vermochte.
Ich will meine Augen schließen
und in der Unsterblichkeit den Duft Gottes einatmen.

So ziehe ich das glühende Schwert meiner Seele
und richte es gegen die Zeit.
In der milden Unsterblichkeit werde ich
wiedergeboren
und entsage all meinen Dämonen – auf ewig.

In meiner Wiedergeburt verfalle ich keinen Dämonen
mehr,
und ich gehe auch keinen Tanz mit ihnen ein.
Ich werde niemanden grüßen
und wie ein alter Bergeremit
dem leisen Knistern des Feuers zuhören.

Eine kleine Hütte werde ich bauen,
die weder Wind, noch Kälte,
noch dem stärksten Blitz standhält.
Täglich werde ich die Blätter von meinem Dach
kehren
und die Tiere des Waldes zu mir nach Hause einladen.

Warme Suppen werden mein Mahl sein,
und dem Alkohol entsage ich noch heute.
Gesunde Hoffnungen mache ich mir keine mehr,
denn jede Art von Hoffnung
wird vom Geist der Verzweiflung heimgesucht.

So übe ich meinen Geist in der Akzeptanz
jeglicher Eventualitäten
und stehe mit fest zusammengebissenen Zähnen da,
wenn das Leid mir die Augen öffnen will.

Doch ich werde klar sehen.
Ich werde jedes Gefühl der Trauer und des Hasses
einatmen.
Auch die warme Liebe werde ich aufrichtig begrüßen,
ohne eine Spur triebhafter Wollust
entgegenzubringen.

Das Grün des Rasens wird mich lehren,
und die Bäume werden mich erziehen,
wenn meine Seele nach der sündhaften Melancholie
schreit.
Ich werde der dunklen Erde zwischen meinen Zehen
ein Heim schenken
und den Gesang von Mutter Natur hören.

Zu lange waren diese Ohren taub
und vom Insektenleben verseucht.

Zu lange habe ich geschwiegen
und den schwarzen Rauch mein Herz verpesten
lassen.
Es ist die Zeit gekommen, Abschied von allem zu
nehmen,
denn meine innere Stimme schreit dem Zwitschern
der Vögel nach.

Zu lange habe ich meinem Sein Verleugnung
geschenkt
und meinen Händen nichts beigebracht
als die Kunst, sich selbst zu verletzen.

Denn schlussendlich läuft alles auf eine einzige,
grundlegende Frage hinaus:
Will ich sterben oder leben?
Nichts ist bedeutender - und gleichzeitig paradoxer -
als diese Frage.

Denn selbst, wenn ich mich für das Leben entscheide,
sterbe ich.
Mit jeder Sekunde meines Lebens stirbt die Zeit,
die ich in diesem Leben verbrauche.
Alles in mir stirbt.

Wenn ich mich jedoch für den Tod entscheide, lebe
ich.

Denn die bewusste Entscheidung, mein Leben zu
beenden,
erweckt die Seele aus dem Koma der Gemütlichkeit.
Das Herz beginnt zu pochen,
und die Pupillen füllen sich mit dem, was wir „Leben"
nennen.

Die wahre Kunst liegt darin,
dem Tod und dem Leben die Masken zu entreißen -
und beide anzunehmen.

Noch ein letztes Mal
blicke ich in mein kleines Zimmerlein
und entreiße die saftige, gelbe Sonnenblume
aus dem kargen Boden.

Die Sekunde der Neugeburt ruft meinen Namen,
und das Feuer durchdringt meine Haut.
Klammernd wie ein kleines Kind
beschütze ich mein Blümchen vor der Hitze -
denn die Unschuld darf nicht
dem kalten Lächeln des Bösen verfallen.

Zu gut, zu rein ist ihr Wesen,
um es von den scharfen Steinen der Realität
zertrümmern zu lassen.
Ich muss eine neue Erde suchen.
Ich muss neues Wasser finden.

Ihre Blüten haben zu lange das Salz meiner Tränen
gekostet
und vom armen Boden Verzweiflung aufgesogen.

Leicht und mit einer besonderen Vorsicht trage ich
sie,
achte darauf, dass ihre zarten Blätter
nicht vom eisigen Wind geschnitten werden.

Es ist Zeit zu gehen. Und zu wachsen.

Mein Herz - und das Weh, das wie ein Fluch auf mir
liegt -
muss gebrochen werden.
Meine tristen Augen müssen dem Licht dieser Welt
eine Chance geben,
sonst zerreißen die Dämonen in der Dunkelheit
den Rest meiner Seele.

Die Dunkelheit ruft meinen Namen,
stark muss ich sein, ihr zu entsagen,
tief tauchen ins Seelenmeer,
den Farben nach - das Unermessliche wagen.

Heute reiße ich die Brücken nieder.
Reiße. Reiße. Reiße.
Heute werde ich frei sein.
Frei. Frei. Frei.

Wenn ich es mir selbst erlaube,
von jedem Zweifel geraubt zu werden,
dann glaube ich - vielleicht nur für eine Sekunde -,
dass ich nicht mehr beginne zu sterben.

Denn die Luft ist weich und warm,
frei von Lärm und Raserei.

Ich will mein Glück ernten,
und alles, was mich bedrückt,
soll verderben -
auf dass es mich nicht länger quält.

Ich breche die Elendsketten, die mich halten.
Jeder trägt sie - die Jungen und die Alten.
Lautlos schleppen wir unsere Unfreiheiten,
und so bleiben Kettenkinder
für immer angekettet.

Still -
Schlag für Schlag
werde ich sie zerschlagen.
Denn Aufgeben ist ihr Wunsch -
der Dämonen in der Nacht,
die uns am Boden liegend
geschlachtet sehen wollen.

Höre nicht auf ihr Flüstern.
Lausche nicht ihrem Gesang.
Schau nicht in ihre Augen.
Berühre nicht ihr Wesen.

Senke deinen Kopf nicht.
Blicke mit scharfem Auge
in Richtung Zukunft.
Der Blick des Kampfes
darf niemals stumpf werden.
Niemals sollst du vergehen
in den Händen der Dämonen.

Lass deinen Willen nicht verglimmen.
Sei die brennende Flamme
im kältesten Winde -
nicht aus Zorn, nicht aus Angst,
nicht aus Raserei.
Brenne aus Leidenschaft.

Ich wurde geboren,
um nach der Schönheit meiner Blume zu greifen.
Ich wurde geboren,
um das Licht dieser Welt zu erblicken
und ihm nachzujagen.
Ich wurde geboren,
um in Freiheit nach meinem Glück zu streben.
Ich wurde geboren,
um einer alten Dame auf der Straße zu helfen.
Ich wurde geboren,
um das Lächeln meiner Geschwister zu sehen
und alles zu bekämpfen, was es ihnen nehmen will.

Ich wurde geboren,
um die Tränen kleiner Kinder wegzuwischen,
weil sie sich als ungenügend empfinden.
Ich wurde geboren,
um mein letztes Brot mit Hungernden zu teilen.
Ich wurde geboren,
um Menschen zu inspirieren.
Ich wurde geboren,
um Gott um Verzeihung zu bitten
und denen zu vergeben,
die mir Böses taten.

Ich wurde geboren,
um den Sinn des Lebens
im Wehen der Blätter zu entdecken.
Ich wurde geboren,
um Tiere zu beschützen
und ihr Leid zu lindern.
Ich wurde geboren,
um kranken Müttern meine Hilfe anzubieten.
Ich wurde geboren,
um morgens das Licht der Sonne zu sehen
und mit trockenen Lippen
den Geschmack der Liebe zu kosten.

Ich wurde geboren,
um mir das Herz brechen zu lassen -
und noch schlimmer:
um die Herzen liebender Menschen zu brechen.
Ich wurde geboren,
um Blätter von den Ästen zu reißen
und mich im selben Moment zu schämen,
weil ich Gottes Werke achtlos behandle.

Ich wurde geboren,
um ein besonderes Buch mehrfach zu lesen
und doch viele seiner Sätze zu vergessen.
Ich wurde geboren,
um im fahrenden Zug die Natur zu betrachten
und mir selbst zu erlauben,
die Sinnlichkeit meines Seins zu erfassen.

Ich wurde geboren,
um in den dunkelsten Stunden anderer Menschen
bei ihnen zu bleiben –
damit auch ich nicht in meinen zugrunde gehe.
Ich wurde geboren,
um frische Luft zwischen meinen Fingern zu kosten
und die Farben dieser Welt
in meiner Seele willkommen zu heißen.

Ich wurde geboren,
um meine Tasche zu packen
und selbst den kleinsten Fleck dieser Welt zu
erkunden.
Ich wurde geboren,
um Frieden zu stiften
und in eben diesem
langsam, sanft und ganz leise zu vergehen.

Ich wurde nicht umsonst geboren.
Mein Leben hat einen Sinn –
und auch wenn ich ihn noch nicht gefunden habe,
schwöre ich bei meiner Seele,
dass ich das Feuer dieser Welt durchqueren werde,
um ihn zu finden.

Ich will leben.
Denn als Toter
kann ich nicht mehr lächeln.

Tatakae.

Epilog

Tatakae

Ein Wort. Ein Befehl. Keine Bitte, kein Vorschlag -
ein Ruf, der keine Ausflüchte kennt.

Kämpfe.
Nicht immer mit Fäusten.
Nicht immer gegen andere.
Oft gegen dich selbst.
Gegen die Müdigkeit, die dich lähmt.
Gegen die Zweifel, die dir ins Ohr flüstern, dass es
sinnlos ist.
Gegen die Angst, die dich kleinhalten will.

Tatakae ist der Moment, in dem du vor einer Mauer
stehst und weißt:
Du kannst sie überwinden -
oder du kannst dich von ihr definieren lassen.

Es ist kein Versprechen, dass es leicht wird.
Kein Trost.
Kein Happy End in Sicht.
Aber es ist der erste Schritt.
Der Beginn der Bewegung.
Die Entscheidung, nicht stehenzubleiben.

Tatakae ist der Funke in dir, der sagt:
„Ich gebe nicht auf."
Nicht, weil du sicher bist, dass du gewinnst -
sondern weil du weißt, dass du es musst.

Für dich.
Für das, was du liebst.
Für das, was richtig ist.

Also:
Tatakae.
Kämpfe.